무엇을
어떻게
읽을까?

무엇을 어떻게 읽을까?

10대들을 위한 비문학 읽기

김남미 지음

마리북스

머리말

글 읽기는 내가 무엇을 좋아하고
무엇을 할 수 있는지 발견하는 시간

글 읽기는 선택이 아니라 필수입니다. 인간은 사회적 동물이라 혼자서는 살 수 없지요. 인간이 제대로 살아가기 위해서는 사회, 즉 세상과 만나야 합니다. 글 읽기는 세상과 만날 수 있는 제법 중요한 통로입니다. 인간은 글을 쓰고 읽으며 발전해 왔습니다. 글 속에서 수천 년 전의 사람들이나 수만 킬로미터 떨어져 있는 사람들과 만나며 세상을 이해하고 성장해 나갔지요.

글을 읽는 과정은 나를 만나는 시간이기도 합니다. 우리 안에는 아직 자신도 잘 모르는 모습이 많이 있습니다. 내가 아직 잘 모르는 내 모습은 다양한 경험을 할 때 만날 수 있습니다. 만약 내가 어떤 음악을 좋아한다면 그 음악이 훌륭해서이기도 하지만, 그 음악에서 감동의 환희를 만났기 때문이기도 합니다. 그동안 내 안에 이런 모습이 있었는지 전혀 몰랐던 감동의 지점 말이에요. 우리는 이렇게 자신의 낯선 모습을 하나씩 발견하며 조금씩 성숙합니다.

글 읽기는 그 무엇보다 내면에 집중하게 합니다. 자신을 발견할 수 있는 가장 쉬운 활동이지요. 글을 읽는 동안 내가 무엇을 좋아하는지, 무엇을 할 수 있는지, 무엇을 하고 싶은지, 무엇을 해야 하는지를 확인할 수 있지요. 그렇게 글을 읽으면서 조금씩 성장하고 자신이 꿈꾸는 모습에 더 가까워집니다.

이 책은 글을 읽으려면 어떤 마음가짐을 가져야 하고, 어떻게 글을 읽어야 하는지를 이야기합니다. 이 책에서 강조하는 것은 세 가지입니다.

첫째, 글을 읽으면서 무엇이 더 중요한지 생각하세요. 단어든 문장이든 단락이든 모두 같은 무게를 가질 수는 없어요. 같은 무게라도 상황에 따라 다르게 느껴질 수 있거든요. 항상 글에 담긴 요소들의 무게를 생각하면서 더 중요하고 가치 있는 것을 중심으로 읽어야 합니다. 그래서 이 책에서는 '주제'나 '구조'처럼 더 중요한 요소에 집중하는 방법을 알아봅니다.

둘째, 글을 읽을 때 적극적으로 써 보세요. 글 읽기는 나를 만나는 과정이라고 했지요? 나를 만나려면 글을 읽고 떠오른 생각들을 적어 두어야 합니다. 그 생각들은 다시 내가 읽어야 할 글이 되어 자신에 대해서 더 많이 생각하게 해 주거든요. 생각을 적을 때 빈칸도 활용해 보세요. 빈칸은 더 좋은 생각을 하고 더 나은 사람이 될 수 있는 기회를 마련해 줍니다.

셋째, 글을 읽는 동안 과제를 계속 만들어야 합니다. 글을 읽으면서 한 생각들을 바탕으로 과제를 만드는 과정은 매우 중요합니다. 자신이 만든 과제와 그 과제를 해결할 수 있는 방법도 적어 두세요. 이 과정이 자신을 성장시키는 힘이 될 테니까요. 이제부터 글을 읽으며 어떻게 과제를 만들고 풀어야 하는지 방법을 이야기할 거예요.

이 책을 읽고 내 안의 무수한 나를 만날 수 있기를 소망합니다.

2023년 12월 김남미

차 례

PART 3 지금은 글을 읽을 시간

나도 글을
잘 읽고 싶어!

정말 책을
많이 읽으면 좋을까?

어른들은 항상 책을 많이 읽으라고 말씀하지요. 웹툰이나 유튜브에 재미있는 볼거리가 얼마나 많은데, 왜 항상 책을 많이 읽으라고 할까요? 아마 여러 친구들이 불만을 갖고 있을 거예요. 정말 어른들 말씀대로 책을 많이 읽으면 좋을까요? 이렇게 물으면 누구든 망설이지 않고 "네!"라고 대답할 겁니다. 책을 많이 읽은 사람이든 아니든 말이지요. 책을 많이 읽으면 왜 좋을까요? 제 수업을 듣는 친구들은 이렇게 답했어요.

- 지식이 풍부해져요.
- 감동할 수 있어요.
- 다른 사람의 생각을 많이
  만날 수 있어요.

- 글을 잘 쓸 수 있어요.
- 재미있어요.
- 인내심이 생겨요.
- 생각하는 힘이 길러져요.

좀 더 솔직하게 "똑똑해져요", "시간이 잘 가요", "그냥"이라고 답한 친구들도 있었어요. 이런 답변도 좋아요. 솔직하게 답을 해야 생각의 폭을 더 넓힐 수 있거든요.

◆◆◆

그럼 다른 질문! 저는 왜 이런 질문을 하는 걸까요? 누군가는 지금 화를 낼지도 몰라요. 실제로 제가 아끼는 한 제자는 화를 내며 말했어요. "이전 질문의 답을 아직 안 해 주셨잖아요. 바로 다른 질문을 하시다니요. 제발 앞의 질문을 다 해결하고 나서 다음 질문으로 넘어가 주세요. 너무 복잡해요." 저는 그 제자에게 웃으며 답했답니다. "멋진 반응이에요. 그 반응을 지금 이 수업에 적용해 보기로 해요."

실제로 화를 내면 글을 읽는 데 도움이 돼요. 생각의 폭을 넓히고 대상을 더욱 깊이 볼 수 있거든요. 그러니까 무엇을 읽거나 생각하다가 화가 난다면 좋은 일이에요. 단, 화가 났을 때 시선을 몇 군데로 나누어야 해요.

한쪽만 바라보며 그저 화만 내고 있으면 문제가 해결되지 않는답니다. 그래서 화가 난 이유를 떠올리면서 다른 쪽도 함께

보아야 해요. 나는 왜 화가 났고 저쪽에서는 무슨 이야기를 하고 있는지 함께 생각해야 하지요. 이것이 생각을 잘하는 첫 번째 비결입니다. 모두 함께 생각해야 제대로 볼 수 있어요. 꼭 기억해 두세요. 뒤에 나오는 읽기 방법에서 아주 유용하게 활용할 거예요.

혹시 '나는 한 번에 여러 가지를 할 수 없는데……'라며 걱정하고 있는 사람 있나요? 괜찮아요. 무엇이든 연습하면 잘할 수 있습니다. 글을 읽으며 생각하는 것도 마찬가지예요. 아직 글을 읽으며 두세 가지를 함께 생각하기 어렵다면 일단 적어 보세요. 제가 처음에 책을 많이 읽으면 좋은지 묻고 나서 또 다른 질문을 했잖아요. 그럼 다음 질문을 읽기 전에 첫 번째 질문을 적어 놓는 거예요. 그 기록을 보며 다음 질문을 함께 생각해 보는 거지요. 이렇게 연습하다 보면 점차 적지 않아도 동시에 여러 가지를 함께 생각할 수 있답니다.

❖ ❖ ❖

제가 질문을 몇 개 했나요? 두 개라고 답하면 곤란합니다. 잘 생각해 보세요. 세 개의 질문을 했잖아요. 다음 세 가지 질문들을 함께 봐야 해요.

질문 1　책을 많이 읽으면 좋나요?

질문 2　책을 많이 읽으면 왜 좋나요?

질문 3　책을 많이 읽으면 좋은지, 왜 좋은지를 묻는 이유가 뭘까요?

왜, 무엇을, 어떻게
읽어야 할까?

앞에서 한 세 가지 질문 안 잊어버렸지요? 질문 하나하나를 떠올리면서 책을 많이 읽는다는 게 무슨 의미인지 생각해 볼 거예요. 앞에서 나왔던 답변들로 문장을 만들어 봤어요.

표를 보고 함께 생각해 볼까요? 여기서 '함께'는 앞에 나왔던 세 가지 질문과 답변을 같이 생각해 보자는 말이에요.

| 책을
많이
읽으면 | 지식이 풍부해져서
감동할 수 있어서
다른 사람의 생각을 많이 만날 수 있어서
글을 잘 쓸 수 있어서
재미있어서
인내심이 생겨서
생각하는 힘이 길러져서 | 좋아요. |

◆ ◆ ◆

저는 요즘 판타지 소설에 푹 빠졌답니다. 학생들이 권해서 호기심에 읽어 봤는데 아주 재미있더라고요. 예전에는 왜 판타지 소설의 재미를 몰랐을까 하고 가끔 후회할 정도예요. 어떤 날은 100화 넘게 읽기도 해요. 그러면 저는 책을 많이 읽는 사람일까요? 그렇겠지요. 하루에 100화를 넘게 읽으니까요. 그럼 앞의 표와 함께 보세요. 판타지 소설을 많이 읽으면 어떤 점이 좋나요? 판타지 소설을 많이 읽으면 좋은 영향만 받을까요? 먼저 판타지 소설을 많이 읽어서 좋은 점부터 정리해 볼게요.

판타지 소설을 많이 읽으면 어떤 점이 좋나요?

   1. ---
   2. 자유 시간을 즐겁게 보낼 수 있어요.
   3. 답답한 일상에서 자유로워져요.
   4. 재미있어요. 감동할 때도 많아요.

왜 1은 빈칸으로 뒀을까요? 저는 항상 답변에 빈칸을 만들어 놓아요. 빈칸이 있으면 그 칸을 채우려고 생각을 하게 돼요. 판타지 소설의 묘미를 제가 다 알지는 않잖아요. 제가 발견할 수 있는 또 다른 답변을 위해 공간을 남겨 두는 거예요. 더 좋은 생각을 하기 위해서지요. 또 비슷한 답변들은 4처럼 묶기도 한답니다. 이것이 생각을 잘하는 두 번째, 세 번째 비결이에요.

그런데 앞의 표에 있는 답변들을 보세요. 판타지 소설을 많이 읽으면 지식이 풍부해질까요? 생각하는 힘이 길러질까요? 창의력은 키울 수 있지만 사고력까지 기르기는 어려울 거예요. 논문을 쓰려고 판타지 소설을 읽지는 않잖아요. 논문이나 책처럼 전문적인 글을 쓰려면 그 분야의 신뢰할 수 있는 글을 찾아 읽어야 해요.

여러분도 목적에 맞는 책을 찾아 읽을 거예요. 친구들과 놀 때는 만화 카페에 가서 만화책을 보고, 과학 독후감을 써야 할 때는 과학을 주제로 한 비문학 책을 읽는 것처럼요. 이런 상황을 그냥 뭉뚱그려서 '책을 많이 읽는다'라고 하면 곤란해요. 좋다, 나쁘다 역시 마찬가지지요. 논문을 써야 하는데 판타지 소설을 많이 읽는다면 도움이 되지 않을 거예요. 판타지 소설을 주제로 논문을 쓰지 않는 한 말이지요. 하지만 여가 시간에 판타지 소설을 읽고 즐거울 수 있다면 좋은 일이지요. 새로운 세계를 만나는 반가운 기회잖아요. 이를 그저 '많이 읽는다'라는 말로 단순하게 생각하면 안 된다는 말씀!

◆ ◆ ◆

　그러면 '책을 많이 읽으면 좋은가?'라는 질문에 다른 학생들
은 어떤 답변을 했는지 볼까요?

세 친구의 답변은 매우 훌륭해요. 세 친구 모두 '책을 많이 읽으면 좋은가?'라는 질문의 숨은 뜻을 제대로 보고 있지요. 무조건 책을 많이 읽으면 좋다는 생각에서 과감히 벗어났어요. 어떤 책을 많이 읽는지, 어떤 목적으로 읽는지, 어떻게 읽는지에 따라 달라진다는 사실을 제대로 파악하고 있잖아요.

책을 읽으면 좋은지, 왜 좋은지를 알려면 읽는 과정에 무엇이 관여하는지를 정리해야 한답니다. 다시 말해 책을 많이 읽으면 좋은지 평가하는 기준이 따로 있다는 거예요. 여러분이 잘 알고 있는 육하원칙으로 그 기준을 만들 수 있어요.

- 무엇을 읽는가? ➡ 읽기의 대상
- 왜 읽는가? ➡ 읽기의 목적
- 어떻게 읽는가? ➡ 읽기의 방법
- 언제, 어디서 읽는가? ➡ 읽기의 상황

책을 많이 읽는 것 자체가 중요하지는 않아요. 어떤 목적으로 무엇을 어떻게 읽는가가 더욱 중요해요. 그저 많이 읽겠다는 생각만 가지고 책을 읽으면 책 내용은 내 것으로 만들지 못한 채 그저 글자만 읽게 될 수도 있어요. 그러면 읽은 책은 늘어

가는데 지식이 쌓이지도 않고, 생각하는 힘도 그대로겠지요. 책을 무조건 많이 읽기만 해서는 성장할 수 없어요. 그럼 글을 잘 읽으려면 어떻게 해야 할까요? 방금 이야기한 네 가지를 기준으로 좀 더 자세히 이야기해 볼게요.

TIP 생각을 잘하기 위해서는

첫째, 함께 생각하기

둘째, 빈칸 만들기

셋째, 비슷한 것끼리 묶기

나와 독서는 어떤 관계일까?

  자, 이제 글 읽기에 자신감이 좀 생겼나요? 글을 잘 읽기 위한 네 가지 기준도 정리됐지요? 그런데 그 기준을 보고 질문이 생긴 사람도 있을 거예요. 육하원칙 중에 '누가'가 빠졌잖아요. 누군가는 "내가 글을 읽으니까 굳이 말할 필요가 없지 않나요?"라고 할 수도 있어요. 물론 글을 읽는 주체는 당연히 '나'예요. 하지만 언제나 읽는 주체인 '나'를 고려해야 한답니다. 사실 읽는 주체인 '나'는 네 가지 기준에 모두 관여해요.

  많은 사람이 글을 읽는 활동이 분명 자신에게 영향을 끼친다고 생각해요. 실제로 우리는 글을 읽으며 조금씩 변하지요. 글을 잘 쓰는 방법을 알려 주는 책을 읽고 나서 글쓰기 실력이 늘기도 하고, 감명 깊은 소설을 읽고 감정이 풍부해지기도 해요. 그런데 그 반대 방향은 어떨까요?

1. 독서가 나에게 주는 영향

2. 내가 독서에 주는 영향

　우리는 1은 많이 생각하지만 2는 별로 생각하지 않아요. 독서는 확실히 나를 변화시키지요. 어떤 글을 언제, 어디서, 어떻게 읽느냐에 따라 나에게 생기는 변화도 달라요. 글을 잘 읽기 위한 기준은 그래서 중요해요.

　그런데 나 역시 나의 독서에 영향을 끼칩니다. 내가 나의 독서에 변화를 줄 수 있다는 말이지요. 복잡한가요? 판타지 소설로 예를 들어 볼게요. 예전의 저는 판타지 소설을 읽는 것은 시간 낭비라고 생각했어요. 그저 재미를 위해 가볍게 글을 읽으며 재능을 낭비해서는 안 된다는 생각까지도 했지요.

　하지만 시간이 지나 판타지 소설의 재미에 빠져서 흥미로운 상상의 세계를 자유롭게 누리게 되었어요. 덕분에 마블 영화도 즐기게 되었고, '마나, 마법사, 만렙, 빌런, 어그로'라는 단어들에도 익숙해졌어요. 가끔은 판타지 속 주인공이 되는 재미난 꿈까지 꾼답니다. 여기까지가 판타지 소설 독서가 저에게 준 영향이에요.

◆◆◆

하지만 모든 사람이 판타지 소설을 즐기지는 않잖아요. 웹툰이나 애니메이션도 즐기는 사람이 있고, 즐기지 않는 사람이 있듯이요. 어떤 사람은 그 세계에 깊숙이 빠지고 거기서 행복과 자유를 느껴요. 하지만 다른 사람은 그러지 않을 수도 있지요.

지유 손에서 불이 나가는 게 뭐가 재미있다는 거야?
은수 손에서 불이 나가니까 정말 재미있지.

이처럼 사람의 취향은 서로 달라요. 60억 명이 있으면 60억 개의 취향이 존재할 수도 있지요. 이것이 글을 읽는 주체인 '나'와 어떤 관계일까요? 글을 읽을 때든 강의를 들을 때든 지금 하는 말이 어디에서 출발했는지를 놓치면 안 돼요. 손에서 불이 나가는, 즉 취향 이야기는 독서에서 '누가'에 해당하는 '나'의 중요성을 이야기하는 데서 출발했어요. 무언가를 이야기할 때는 항상 그 이야기의 출발점을 함께 생각해야 합니다. 꼭 기억해 두세요! 그래야 상대방의 의도를 읽을 수 있고, 설령 상대가 불쑥 화를 낸다고 해도 당황하지 않고 대처할 수 있으니까요.

그렇다면 우리는 언제 자신의 취향을 발견할까요? 저는 판타지 소설을 읽으면서 제가 가진 또 하나의 취향을 발견했어요. '아하, 나는 판타지 소설도 즐기는 사람이구나'라고요. 우리는 살면서 존경할 만한 사람을 많이 만납니다. 용감한 사람, 주어진 일을 열심히 하는 사람, 어떤 분야를 깊이 있게 아는 사람 등 다양한 사람을 만나지요. 이처럼 존경할 만한 사람을 만나면 내가 무엇에 감동하는지, 어떤 사람이 되고 싶은지 알 수 있어요. 재미있는 이야기나 멋진 영화도 많이 접하지요.

작품에서 왜 감동을 받을까요? 그 작품 자체가 멋지고 훌륭하기 때문이기도 하지만, 내가 미처 몰랐던 나의 취향 때문에 감동을 받기도 한답니다. 그 작품에 내 취향이 담겨 있어서 깊은 인상을 받을 수 있어요. 이처럼 나도 몰랐던 나의 취향은 새로운 대상을 접하면서 발견할 수 있어요.

◆ ◆ ◆

독서에 내가 영향을 미친다는 말은 이런 의미예요. 내 안에 있는 무한한 가능성, 무의식 속 취향이 내가 읽는 내용에도 영향을 미쳐요. 그래서 같은 책을 읽거나 같은 영화를 보아도 서

로 다른 감동을 느끼게 되지요.

내 안에는 '내가 모르는 나'가 생각보다 많이 존재합니다. 예전의 제가 판타지 소설을 전혀 즐기지 못하는 사람이었던 것처럼요. 내가 모르는 나를 알아 가는 과정은 중요합니다. 세상 그 누구보다 내가 나에 대해 잘 알아야 하지요. 자신의 안에 있는 또 다른 자신을 발견하는 과정은 성장의 발판이 된답니다. 글을 읽으면 몰랐던 자신을 발견하고, 더 나은 모습으로 발전할 수 있다는 점을 꼭 기억하세요.

독서가 나에게 미치는 영향

독서가 나에게 영향을 미치고 나도 독서에 영향을 주며 조금씩 변한다고 했어요. 그렇다면 대체 우리는 무슨 영향을 받고, 어떻게 변하는 걸까요? 자세히 설명하지 않아서 답답한 사람도 있을 거예요. 독서가 나에게 어떤 영향을 주는지 같이 생각해 볼까요?

- 나의 지성 에 영향을 준다.
- 나의 감성 에 영향을 준다.
- 나의 심미성 에 영향을 준다.
- 나의 논리성 에 영향을 준다.
- 나의   에 영향을 준다.

나도 글을 잘 읽고 싶어!

빈칸을 어색해하지 마세요. 가능성을 열어 둔다고 생각하세요. 우리는 빈칸이 있어야 더 생각하거든요. 빈칸은 이미 떠올린 답보다 더 좋은 답을 생각하려고 남겨 두는 거예요. 다시 말해, 생각이 더 발전한 내가 그 빈칸을 채울 수 있도록 공간을 만들어 둔답니다. 빈칸을 맨 위에 두어도 좋아요.

◆ ◆ ◆

우리는 어디에서 무엇을 하든 글을 읽을 수밖에 없어요. 공부를 예로 들어 볼까요? 공부는 기본적으로 독서를 기반으로 하지요. 공부를 하려면 다양한 교과서를 읽어야 하잖아요. 그렇다면 교과서는 여러분에게 어떤 영향을 주나요?

- 교과서는 나의 지성 에 영향을 준다.　➡　모든 교과서
- 교과서는 나의 감성 에 영향을 준다.　➡　문학, 음악, 미술
- 교과서는 나의 심미성 에 영향을 준다.　➡　문학, 음악, 미술
- 교과서는 나의 논리성 에 영향을 준다.　➡　수학, 과학, 철학

우리는 학교에서 다양한 과목을 배우면서 지성, 감성, 심미

성, 논리성을 기르고 있어요. 어쩌면 우리는 공부가 너무 힘들어서 공부 자체가 독서이고 우리를 성장시킨다는 사실을 잊고 있는지도 몰라요. 공부가 힘들 때는 더 넓게 생각해 보세요. 교과서를 읽으면서 미처 몰랐던 나의 잠재력을 키우는 중이라고요. 공부를 억지로 한다고 생각하면 더 하기 싫어요. 학교에는 교과서 읽기, 즉 독서를 도와주는 선생님이 계시잖아요. 선생님이 어떤 독서 방법을 가르쳐 주시는지 생각하면서 수업을 들어 보세요. 그 방법을 배우고 자신의 독서 능력을 키우면 좋습니다. 내가 성장할 수 있는 또 하나의 방법을 알게 되는 셈이니까요.

물론 교과서만 우리에게 영향을 미치는 건 아니에요. 소설, 기사, 백과사전 같은 모든 글이 우리에게 영향을 줘요. 그렇기 때문에 어떤 글을 읽는지가 매우 중요해요. 특히 정보를 다룬 글이라면 출처를 확인하는 게 좋아요. 만약 글쓴이가 그 분야의 지식이 없다면 틀린 정보를 전달할 수도 있으니까요.

글의 종류에는 무엇이 있을까?

우리는 매일 다양한 글을 읽어요. 글의 형식도 분량도 분야도 다른 글을 꽤 많이 읽지요. 소설을 읽는 방법으로 설명서를 읽으면 정보가 잘 정리되지 않고, 기사를 읽는 방법으로 시를 읽으면 감동이 다가오지 않아요. 그래서 글의 종류에 따라 다르게 읽어야 한답니다.

글은 크게 '전달 동기에 충실한 글'과 '표현 동기에 충실한 글'로 나눌 수 있어요. 전달 동기에 충실한 글이란 이성적이고 논리적인 글을 말해요. 글쓴이가 말하고 싶은 바가 독자에게 그대로 전달되는 글이지요. 이론이나 근거에 충실한 만큼 숫자를 쓰지 않더라도 수학적이라고 말할 수 있어요. 이러한 글은 좌뇌형 사고를 활용해 읽어야 해요. 정보를 전달하는 글, 자신의 의견을 말하는 글이 여기에 속하지요. 회사에서 많이 쓰는 기획서와 보고서도 여기에 속해요. 기사문, 칼럼, 설명서도 대표적인 전달 동기에 충실한 글이에요.

학교에서 배우는 교과서로 본다면 문학을 제외한 대부분의 교과서가 여기에 해당됩니다. 역사, 사회문화, 과학, 철학, 기술 교과서 모두 속하지요. 이런 글은 글을 쓰는 목적이 분명해서 그 목적을 달성하기 위한 다양한 장치를 마련한답니다. 글쓴이가 말하려는 바가 다르게 전달되면 안 되니까요.

그렇다면 어떤 글을 우뇌형 사고를 활용해서 읽어야 할까요? '전달 동기에 충실한 글'이라는 말과 짝을 맞추어 보세요. 바로 '표현 동기에 충실한 글'입니다. 예술적이고 직관적이고 감성적인 글이지요. 문학에 속하는 글이 여기에 해당돼요. 시, 소

나도 글을 잘 읽고 싶어!

글의 종류	전달 동기에 충실한 글	표현 동기에 충실한 글
특징	이성적, 논리적, 수학적	예술적, 직관적, 감성적
사고의 중심	좌뇌형	우뇌형
목적	글쓴이가 말하는 내용이 독자에게 그대로 전달되어야 함	글쓴이의 감성, 영감, 심미성 등을 표현함
예	기사문, 칼럼, 설명서, 기획서, 보고서 등	시, 소설, 희곡, 시나리오 등

설, 희곡, 시나리오를 예로 들 수 있어요. 이런 글은 무엇을 전달하고 싶어서 쓰는 게 아니에요. 글쓴이의 감성, 영감, 심미성을 표현하는 데 충실한 글이지요. 독자마다 글을 다르게 해석할 수도 있어요. 60억 명의 사람이 있으면 60억 개의 해석이 나올 수 있지요. 또 해석의 여지가 많으면 많을수록 감동이 더 커지기도 해요.

◆◆◆

이 두 종류의 글을 읽는 방식은 조금 다릅니다. 전달 동기에 충실한 글은 먼저, 글쓴이가 그 글을 쓴 목적을 분명히 이해하고 나서 합리적으로 사고하며 읽어야 하지요. 반면, 표현 동기에 충실한 글은 그렇게 읽으면 안 돼요. 전달 동기에 충실한 글이 어떤 목적을 전달하기 위한 하나의 도구라면, 표현 동기에 충실한 글은 그 자체가 하나의 완성된 작품이에요.

하지만 꼭 기억해야 할 게 있어요. 우뇌와 좌뇌의 기능이 다르다고 말하는 뇌과학자나 심리학자들이 공통적으로 말하는 사실이기도 해요. 바로 우뇌와 좌뇌를 균형 있게 사용할 수 있어야 한다는 것이지요.

글을 읽을 때도 마찬가지예요. 표현 동기에 충실한 글과 전달 동기에 충실한 글은 다르게 접근해야 돼요. 또한 두 종류의 글을 균형 있게 접해야 합니다. 글은 내가 모르는 나를 발견하게 만든다고 했잖아요. 내 안에는 내가 모르는 감성적이고 예술적인 모습도 있고, 이성적이고 논리적인 모습도 있어요.

우리 안에는 아직 열리지 않은 방이 많이 있어요. 그중에는 표현 동기에 충실한 글을 읽으면 열쇠를 발견할 수 있는 방도 있고, 전달 동기에 충실한 글을 읽다가 문을 열게 되는 방도 있어요. 각각의 글을 읽는 방식을 배우면서 아직 열지 않은 방의 열쇠를 찾을 수 있도록 노력해 봐요.

책을 읽을까?
글을 읽을까?

　아마 누군가는 의문을 품었을지도 모르겠네요. '독서 이야기를 하는데 왜 책을 읽는다고 안 하고 글을 읽는다고 하지?' 그 궁금증을 풀어 볼게요. 책은 무엇으로 구성되어 있나요? 단순하게 생각하면 종이로 이루어져 있지요. '책'은 종이를 묶었다는 의미입니다. '책'은 한자어인데, 한자에는 사물의 모양을 본뜬 글자가 많아요. 이를 상형 문자라고 합니다. '冊(책)'이 대표적인 상형 문자이지요. 모양을 볼까요?

어때요? 그림과 한자를 함께 보니 모양을 본떠 만든 글자라는 사실을 알겠나요? 이처럼 한자를 익히면 글을 읽을 때 유용해요. 우리말에서 한자어가 큰 비중을 차지하기 때문이지요. 다시 '책'으로 돌아가 볼까요? 사실 문자가 처음 생기던 당시에는 종이가 발명되지 않아서 다른 재료로 책을 만들었어요. 나무, 잎, 대로 만들었지요. 대와 나무의 조각을 엮은 모양을 보고 만든 문자가 책(冊)입니다. 그러면 독서는 이런 형태의 책을 읽는 걸까요? 묶지 않은 글을 읽으면 독서가 아닐까요?

공책을 생각해 보세요. 공책을 읽는 경우가 있나요? 만약 "공책에 적힌 필기를 읽어요"라고 말하는 친구들이 있다면 칭찬해 주고 싶어요. '필기'를 읽는다는 사실이 중요하지, 꼭 '책'의 형태로 읽을 필요는 없어요.

◆ ◆ ◆

독서가 무슨 뜻이냐고 물으면 대부분 '책을 읽는 일'이라고 답해요. 물론 맞습니다. 사전에도 그 뜻이 나오지요. 하지만 여기에는 핵심이 드러나 있지 않아요. 한자의 뜻을 보며 독서의 의미를 더 정확히 파악해 볼까요?

讀	書
읽다 이해하다 해석하다	글 글자 문장

　사실 우리는 책 자체를 읽는다고 할 수는 없어요. 책 안에 들어 있는 문자, 그림, 표 등을 읽지요. 그들 간의 질서를 읽는 거예요. 우리는 질서를 갖춘 문자, 그림, 표의 관계를 '글'이라고 합니다. '독서'의 한자 뜻을 보면 '글을 읽다'뿐만 아니라 '글을 이해

하다'라는 뜻도 파악할 수 있어요. 그저 글을 읽는 차원을 넘어 글을 해석하고 이해하는 활동이 독서이지요.

일상생활에서는 책으로 묶이지 않은 글을 읽어야 하는 경우가 아주 많아요. 인터넷이 보편화되면서 더 많아졌지요. 여러분이 태블릿에 적은 필기를 제대로 이해하며 읽는 것도 독서라고 할 수 있어요. 필기를 꼼꼼히 읽어야 유용하게 활용할 수 있으니까요.

◆ ◆ ◆

사전에는 '독서'의 뜻풀이가 '글을 읽다'가 아닌 '책을 읽다'로 나와 있습니다. 여기에는 사회·문화적 배경이 있어요. 옛날 사람들은 아주 특별한 의미로 책을 만들었습니다. 지금처럼 종이가 풍부하지도, 인쇄 문화가 발달하지도 않은 시대였잖아요. 서양 중세 시대 때 한 재판 기록에는 "책을 세 권이나 보유하고 있는 부유한 사람"이라는 내용이 적혀 있다고 합니다. 책이 세 권 있다고 부유하다니! 그 기준으로 본다면 지금 부유한 사람이 넘쳐 날 거예요.

서양에서는 구텐베르크의 인쇄술이 널리 퍼지고 나서 책이 많이 보급되기 시작했어요. 15세기 무렵이라 중세 시대 때는 책이 엄청 귀했지요. 동양의 인쇄술은 이보다 먼저 발달했지만, 책을 만드는 일은 경제적으로든 문화적으로든 간단하지 않았어요. 그러니 책으로 묶는다는 말은 책으로 묶을 만한 가치가 있다는 의미인 셈이었지요. 즉, '책을 읽다'라는 '독서'의 뜻에는 책으로 묶을 만한 가치가 있는 글을 읽는다는 사회·문화적인 의미가 반영되어 있어요.

하지만 지금은 다르지요. 글을 책으로 묶기 훨씬 쉬워졌고, 굳이 책이 아니더라도 읽어야 할 글이 넘치잖아요. 그러니 '책을 읽다'를 '글을 읽다'로 더 넓게 생각해야 합니다. 그만큼 읽을거리를 선택할 때도 신중해야 하지요.

나를 읽는
과정이라고?

글을 읽는 과정은 나를 읽는 과정이기도 해요. '나를 읽는다' 라는 표현이 너무 철학적으로 느껴지나요? 너무 어렵게 생각하지 마세요. 다시 말하면 나를 알아 간다는 뜻이에요. 예를 들어, 여러분이 어떤 영화를 보고 깊은 감동을 받았다고 생각해 보세요. 일단 여러분이 감동을 받았으니 그 영화는 훌륭하다고 할 수 있지요.

그런데 이때는 영화보다 영화를 보며 감동하고 있는 여러분 자신에게 집중해야 해요. 이 순간은 매우 중요합니다. 영화를 보며 감동한 순간은 여러분이 어떨 때 감동할 수 있는 사람인지를 알게 해 줘요. 자신이 어떤 사람이기에 그 영화의 어느 부분에서 감동할 수 있는지를 알게 되거든요.

글을 읽는 것도 마찬가지입니다. 어떤 글을 읽고 감동받았을

때 여러분 자신에게 집중해 보세요. 내 안의 어떤 모습과 글의 어떤 부분이 만나서 감동받았는지요. 그러면 자신이 어떤 사람인지를 알 수 있어요. 글을 읽다가 그런 중요한 깨달음을 얻었다면 그 내용을 정리해 보세요.

독서 공책을 만들면 좋아요. 꼭 종이에 적을 필요는 없어요. 휴대 전화나 컴퓨터처럼 자주 사용하는 기기에 작성해도 좋습니다. 공책에는 그 글을 읽으면서 발견하게 된 자신의 모습, 그리고 앞으로 자신이 해결해야 할 과제를 정리해 보세요. 다음 표의 항목들을 정리해 작성하면 시간이 지나더라도 내가 무슨 글을 읽고 어떻게 변했는지 알 수 있어요.

읽은 글의 기본 정보		읽은 글이 무엇과 관련 있는지	
글쓴이와 제목		지성	심미성
출판 연도(혹은 기재 연도)		감성	유용성
출판사(혹은 출처)		논리성	
쪽수			

글을 읽으면서 발견한 나	앞으로의 과제
내용에서 발견한 모습	더 보고 싶은 것
형식(구조)에서 발견한 모습	풀어야 할 문제

이 내용들을 표로 만들어도 좋고 나열해서 적어도 좋습니다. 오랜 시간이 지나 책의 내용을 잊어버리더라도 공책을 보면 그때의 자신을 만날 수 있도록 적어 두세요. 아직 잘 모르겠는 부분은 빈칸으로 두었다가 나중에 채워도 좋아요.

여러분이 읽어야 할 글은 집에도, 도서관에도, 인터넷에도 있어요. 즉, 언제든 글을 읽고 새로운 내 모습을 발견할 수 있지요. 하지만 기록해 두지 않으면 여러 글을 읽으면서 발견한 나의 모습을 그 어디에서도 찾을 수 없어요. 글을 읽는 여러분 자신이 제일 중요한데도 말이지요.

글을 읽고 새로운 자신을 발견하세요. 새롭게 발견한 자신의 모습이 무엇인지 정확히 모르겠다면 빈칸으로 두어도 됩니다.

그렇게 한 달, 두 달, 일 년…… 계속 독서 공책을 적어 보세요. 그러면 글을 읽고 나를 얼마만큼 알게 됐는지, 내가 바라는 점이 무엇이고 어떻게 성장하고 싶은지를 알 수 있어요. 예전의 독서 기록을 보며 내가 얼마나 성장했는지 확인하는 것도 독서가 선물해 주는 재미랍니다.

글을 읽으려면
이것만은 꼭

글의 목적 파악하기

한 편의 글은 글쓴이가 하고 싶은 말을 전달하려는 하나의 체계입니다. 자신이 하고 싶은 말을 명확히 전달하고자 여러 장치를 효율적으로 활용한 질서가 글에 나타나지요. 그래서 글을 읽을 때는 글의 목적을 파악해야 합니다. 글의 목적은 크게 두 가지로 나눌 수 있는데, 하나는 '글 안의 목적'입니다. '글 안의 목적'이라는 말을 보면 자연스럽게 '글 밖의 목적'이라는 말이 떠오르지요? 짝을 지어 함께 생각해야 한다고 했잖아요.

- 글 안의 목적 = 내재적 목적
- 글 밖의 목적 = 외재적 목적

먼저, 글 밖의 목적부터 볼까요? 전달 동기에 충실한 글은 어떤 목적을 위한 글이라고 했지요. 이때 어떤 목적은 그 글을 통해 이루려는 것, 즉 글의 외재적 목적에 해당해요. 예를 들어, 자기소개서를 쓴다고 해 봐요. 자기소개서는 무엇을 이루려고 쓰나요? 당연히 내가 원하는 학교나 회사, 기관에 들어가려고 쓰지요. 그것이 외재적 목적이에요. 그런데 그 목적을 위해 쓰는 자기소개서는 하나의 완성된 틀입니다. 그 틀 안에서 말하고자 하는 바가 있지요. 이처럼 글 안에서 말하고자 하는 바가 내재적 목적이에요. 어렵게 생각하지 말아요. 바로 '주제'예요. 글의 주제가 곧 글 안의 목적이랍니다.

◆ ◆ ◆

그냥 글의 주제라고 하면 쉬울 텐데 왜 복잡하게 내재적 목적, 외재적 목적이라고 할까요? 학교에서 선생님이 "글에서 말하려는 바가 주제이고, 주제는 글에서 가장 중요하다"라고 알려 주지요. 저는 이 말을 의심해 본 적이 없습니다. 그런데 대학교 강의에서는 주제라는 말을 안 쓰더라고요. 과제도 하고 시험도 보면서 글은 계속 쓰고 있는데, 주제라는 말을 안 쓰니 혼란스러웠어요. '전달 동기에 충실한 글에는 주제가 필요 없

글 밖의 목적
: 글로 이루려는 것

글 안의 목적
: 주제

나?'라는 생각까지 했지요. 그런데 말하고자 하는 바가 없는 글은 없잖아요. 한참 생각하다가 깨달았어요. '전달 동기에 충실한 글에서는 목적이라는 말로 주제를 대신하는구나! 글 안에서 달성하려는 목적, 그게 바로 주제구나!'라고 말이지요.

일을 할 때는 '주제'라는 말을 거의 쓰지 않아요. 특히 전달 동기에 충실한 글에서는 안 쓰지요. 예를 들어 논문, 기획서, 보고서에서는 '주제'보다 '목적'이라는 말로 핵심을 표현해요. 아예 양식에 '목적'이라고 쓰는 경우가 더 많지요.

사회생활을 할 때는 사업 제안서나 마케팅 제안서 같은 제안서도 많이 씁니다. 이때도 '제안 목적'이라는 항목이 빠지지 않습니다.

◆ ◆ ◆

　꼭 기억하세요! 글 안팎의 두 가지 목적을 함께 생각해야 합니다. 읽기의 1차 목적은 글에서 말하고자 하는 바를 파악하는 거예요. 하지만 여기서 한 발 더 나아가 그 글을 통해 더 거시적으로 이루고 싶은 바가 무엇인지 파악할 수 있어야 합니다. 그래야 글을 제대로 읽었다고 할 수 있어요. 두 가지 목적을 동시에 생각해야 비로소 글에 대한 자신의 생각도 더욱 넓힐 수 있습니다.

　이 책에서는 글의 1차 목적을 주로 '주제', '주제문'이라고 표현할 거예요. 가끔 '목적'이라고 말하는 경우에는 무엇을 가리키는지 생각해 보면 좋아요.

TIP 글의 목적

외재적 목적 글을 통해 이루려는 목적(예를 들어 자기소개서의 외재적 목적은 원하는 곳에 들어가기 위함)

내재적 목적 글 안에서 말하고자 하는 바, 즉 주제

보이지 않는 것도
함께 읽기

단어와 어휘는 다릅니다. 어휘는 '단어들 관계의 총합'이라고 할 수 있어요. 우리가 앞서 본 글 안의 목적, 글 밖의 목적으로 생각해 볼까요?

글 **안**의 목적

↕

글 **밖**의 목적

여기서 '안'과 '밖'은 각각의 단어이지만 '반의어'라는 관계로 묶여 있어요. 이처럼 전달 동기에 충실한 글에서 단어는 언제나 관계를 이루고 있습니다. 지금 하나의 단어를 보고 있지만, 그 단어에는 보이지 않는 무수한 단어들이 연결되어 있지요.

그 관계를 충분히 이해하고 있어야 글을 제대로 읽을 수 있어요. 만약 지금 눈앞에 놓인 단어에만 집중하면 오히려 잘못된 길로 들어설 수 있거든요.

◆ ◆ ◆

보이는 단어와 보이지 않는 단어를 함께 읽어야 글을 제대로 읽을 수 있어요. 또한 어휘력을 키우는 데도 도움이 됩니다. 어떤 글을 읽다가 어려운 단어를 만나면 적어 두세요. 그렇게 적은 단어들로 어떻게 어휘력을 키울 수 있는지 볼까요? 다음 문장에는 생각보다 자주 틀리는 단어가 있어요.

- 모든 일이 **숲으로** 돌아갔다. (×)
    - ↳ 수포水泡로 (O)
    - ↳ 물거품으로 (O)

재미있지만 슬픈 현실을 보여 주는 예문입니다. 여러분이 한 자어에 익숙하지 않다는 사실을 보여 주는 대표적인 틀린 맞춤 법이거든요. 사실 '수포'는 생각보다 쉬운 단어입니다. '물 수'에 '거품 포', 즉 순우리말로 하면 물거품이지요. '수포'라는 말로 어휘력을 키우는 방법을 살펴볼게요.

水 물수		泡 거품포	
수영 수력발전 수돗물 수요일	홍수 치수 지하수 음료수	포말	기포, 기포제 발포제 연포탕 청포묵
我田引水 아전인수 자기 논에 물을 끌어넣는다는 뜻으로, 자기에게만 이롭도록 생각하거나 행동함을 의미하는 말		**夢幻泡影** 몽환포영 꿈, 환상, 거품, 그림자라는 뜻으로, 인생이 헛되고 덧없음을 비유한 말	

한자어를 공부해야 한다고 말하면 무작정 한자만 외우려는 친구들이 있을 거예요. 하지만 '수'와 '포'의 한자를 각각 외우면 어렵고 실용적이지도 않아요. 글자에만 집중하기보다 그 글자가 쓰인 단어를 봐야 해요. 예를 들어 거품을 뜻하는 '포'가 쓰인 단어들을 보는 거지요. 탄산음료를 따르면 뽀글뽀글 올라오는 거품을 '기포'라고 하지요. '연포탕'이나 '청포묵'의 '포'는 뭉근한 거품과 관련 있어요. 그리고 물이 부딪쳐서 생기는 거품을 이르는 '포말'이라는 단어도 익힐 수 있지요.

더 나아가 그 한자가 쓰인 사자성어를 찾아봐도 좋아요. 사자성어는 어떠한 상황을 비유할 때 매우 유용하므로 글을 쓸 때도 많은 도움이 된답니다. '아전인수'와 '몽환포영'처럼 말이지요.

◆ ◆ ◆

이는 한자가 뜻글자라는 점을 활용해 어휘력을 키우는 아주 좋은 방법이에요. 끝말잇기나 초성 게임을 할 때 같은 한자어가 들어간 말을 써 보는 것도 좋아요. 정보를 전달하는 글에 나오는 무수한 한자어를 익히는 데 도움이 돼요. 더욱이 게임을 하면서 재미있게 한자어를 익힐 수 있으니 일석이조이지요. 이런 방법에 좀 더 익숙해지면 어려운 말도 쉽게 해석할 수 있답니다. 단, 한자어는 동음이의어가 많아서 잘 구분해야 돼요.

그런데 어려운 단어를 만났을 때 어휘력을 키운다고 단어의 뜻을 바로바로 찾지는 마세요. 글 한 편을 읽으면서 어려운 단어가 나올 때마다 단어의 뜻을 찾는다면 정작 글의 흐름을 파악하지 못할 수도 있어요. 글을 집중해서 읽는 데 방해가 되지요. 그러니 모르는 단어는 표시해 놓고 지금 당장 봐야 할지, 나중에 봐야 할지 구분해서 정리하면 더욱 좋아요.

TIP 어휘력을 키우려면

첫째, 모르는 단어 찾아보기

둘째, 같은 한자가 쓰인 단어와 사자성어 찾아보기

셋째, 단어 간의 관계를 파악하며 관련 있는 단어 익히기

문장의 무게
파악하기

글은 문장으로 이루어져 있지요. 그래서 문장을 하나하나 제대로 읽어야 글 전체를 이해할 수 있다고 생각하는 사람이 많아요. 그런데 그렇게 읽으면 안 돼요. 문장 하나하나가 모여서 글을 이루기는 하지만, 각각의 문장들이 같은 무게를 가졌다고 생각하면 곤란해요. 어떤 문장은 다른 문장보다 훨씬 중요하고, 또 다른 문장은 전혀 중요하지 않을 수도 있거든요.

그래서 글을 읽을 때는 중요한 문장에 더 무게를 두고 읽어야 해요. 그러기 위해서는 문장의 중요성을 제대로 판단할 수 있어야 하지요. 중요한 문장은 무엇이고, 그 문장을 다른 문장이 어떻게 돕는지 늘 생각해야 해요.

이 말이 문장을 대충 보아야 한다는 뜻으로 들려서 불안한 사람도 있을 거예요. 그렇게 읽으면 글을 제대로 읽을 수 없다고

생각되니까요. 제가 그 불안감이 사라지도록 문장을 어떻게 읽어야 효과적인지 알려 줄게요. 이 방법을 익혀 두면 중요한 문장이 무엇인지, 또 글의 목적은 무엇인지 쉽게 파악할 수 있을 거예요. 단, 이 과정에 익숙해지려면 꾸준히 연습해야 돼요. 지금 제가 설명한 내용을 '첫째, 문장 읽기의 방법', '둘째, 문장 간의 관계'와 같이 정리하는 연습을 하세요.

◆ ◆ ◆

여러분이 평소 읽는 방식으로 다음 예문을 읽어 보세요. 글을 읽고 나서 자신이 평소 어떤 방식으로 글을 읽는지 되새겨 봐도 좋아요. 글을 읽는 시간이 자신의 사고방식을 이해하는 과정이니까요. 평소에 나는 어떻게 읽었는지, 정보를 어떻게 정리했는지 파악하면 내 사고방식을 아는 데 한 걸음 나아갈 수 있어요. 그럼 예문을 볼까요?

가   심리학자 로버트 비스워스 디너는 용기가 특정 행동이 아니라 '두려워하지 않고 위험에 대처하는 마음가짐'이라고 했다. 보통 사람들이 생각하듯 실천하기 어려운 자기희생이나 영웅적인 행동만이 용기는 아니다. 크고 작은 불안으로 가득한 일상에서 우리가 두려움에 맞서 당당하게 버티고, 필요할 때 행동할 수 있는 용기가 우리에게 필요하다.

나   용기는 '개인 내면에서 우러나는 것이라기보다는 특정 역할을 맡게 되면 발휘되는 것'이라고도 볼 수 있다. 용기를 의무적으로 발휘해야 하는 역할을 맡게 되면, 용기라는 가치 있는 덕목도 평범한 일상이 될 수 있다. 구조대원이나 경찰관, 소방관을 보자. 직업 자체가 위험하고, 불확실한 상황에서도 용기 있게 행동해야 한다. 두려움이 크다면 그 일을 제대로 할 수 없을 것이다.

다 그렇다고 모두가 구조대원, 경찰관, 소방관이 될 수는 없다. 우리는 스스로에게 '내 역할은 힘든 상황에 처한 타인을 돕는 것이다' 또는 '사소한 위험들은 피하지 말고 맞서 보자'라고 의무를 지워 볼 수 있다. 심리학자 로버트는 스스로에게 그런 역할을 부여하는 것만으로도 좀 더 용감해질 수 있다고 했다. 학교에서나 집에서 내가 맡게 될 용기 있는 역할은 무엇일까? 평소라면 하지 않았을 행동을 내가 직접 나서서 역할을 맡으면서 일상 속에서 용기 지수를 높여 보는 것은 어떨까?

따돌림사회연구모임, 《나의 벽을 넘어서는 불안상자》, 마리북스, 2018

이 글을 어떻게 읽었나요? 평소처럼 읽어 보라고 했으니 한 문장, 한 문장 꼼꼼히 읽은 사람도 있을 테고, 앞에서 얘기한 대로 문장의 무게를 파악해 본 사람도 있을 거예요. 이제 두 방법으로 글을 읽어 보고 왜 문장의 무게를 파악하며 읽어야 하는지 알려 줄게요. 그럼 우선 문장을 하나하나 읽는 방법부터 볼까요?

가 단락을 문장 단위로 읽기

이렇게 읽으면 안 돼요.

첫째 문장 심리학자 로버트 비스워스 디너는 용기가 특정 행동이 아니라 '두려워하지 않고 위험에 대처하는 마음가짐'이라고 했다.

→ 용기: 위험에 대처하는 마음가짐

둘째 문장 보통 사람들이 생각하듯 실천하기 어려운 자기희생이나 영웅적인 행동만이 용기는 아니다.

→ 실천하기 어려운 자기희생이나 영웅적인 행동만이 용기는 아님

셋째 문장 크고 작은 불안으로 가득한 일상에서 우리가 두려움에 맞서 당당하게 버티고, 필요할 때 행동할 수 있는 용기가 우리에게 필요하다.

→ 우리에게 필요한 용기: 두려움을 버티고 필요할 때 행동할 수 있는 것

각각의 문장을 읽고 그것을 요약하는 과정을 정리해 봤어요. 사실 이렇게 일일이 정리하는 방식은 좋지 않습니다. 왜 그럴까요? 일단 시간이 너무 많이 걸려요. 앞서 본 예문은 모두 열

세 개의 문장으로 이루어져 있어요. 이 문장들을 하나하나 요약해 정리한다면 글을 다 읽기 전에 지치고 말 거예요. 문장 자체를 읽는다기보다 문장 관계를 읽는다고 생각해 보세요. 그렇게 읽으면 무엇이 달라질까요?

첫째 문장 심리학자 로버트 비스워스 디너는 용기가 특정 행동이 **아니라** '두려워하지 않고 위험에 대처하는 마음가짐'이라고 했다.

둘째 문장 보통 사람들이 생각하듯 실천하기 어려운 자기희생이나 영웅적인 행동만이 용기는 **아니다.**

셋째 문장 크고 작은 불안으로 가득한 일상에서 우리가 두려움에 맞서 당당하게 버티고, 필요할 때 행동할 수 있는 용기가 우리에게 필요하다.

우리에게 필요한 용기

　첫째 문장의 '아니라'에 주목하면서 둘째 문장의 '아니다'를 보세요. '아니다'를 기준으로 세 문장의 관계를 설명할 수 있어요. 첫째 문장에서 '아니라'를 포함한 앞부분을 읽고 둘째 문장을 읽어 보세요. 그러면 둘째 문장이 첫째 문장의 앞부분을 더 자세히 설명하고 있다는 사실을 알 수 있어요. 셋째 문장은 첫째 문장의 '아니라' 뒷부분과 비교하며 읽어 보세요. 그러면 셋째 문장은 첫째 문장의 뒷부분을 자세히 설명하고 있음을 알 수 있지요.

'A가 아니고 B다'라는 형태의 문장에서는 언제나 'B'가 더 중요합니다. 결국 가 단락은 '우리에게 필요한 용기는 특정 행동보다는 마음가짐이다', 이것을 말하고자 하는 단락이에요.

세 문장의 질서를 읽고 가장 중요한 부분을 파악하니 무엇을 말하려는지 보이지요? 뒤이어 나오는 나와 다 단락도 각각의 문장을 하나하나 읽어서 요약한 결과를 합치면 절대 안 돼요. 우리는 이제 더 효율적인 방법을 알았잖아요. 그러니 이제부터는 문장 관계를 파악하며 읽는 연습을 하세요. 처음에는 문장 관계를 파악하는 게 어렵게 느껴질 수 있어요. 마음을 가볍게 내려놓고 글을 읽으며 비슷한 문장 또는 반박하는 문장끼리 연결해 보세요.

이번에는 나 단락도 문장을 일일이 파악하는 방법과 문장 간의 관계를 읽는 방법으로 읽어 볼게요. 일단 셋째, 넷째, 다섯째 문장을 묶어 예시라고 표현해 보지요.

나 단락을 문장 단위로 읽기

이렇게 읽으면 안 돼요.

첫째 문장 용기는 '개인 내면에서 우러나는 것이라기보다는 특정 역할을 맡게 되면 발휘되는 것'이라고도 볼 수 있다.

→ 용기: 특정 역할을 맡게 되면 발휘되는 것

둘째 문장 용기를 의무적으로 발휘해야 하는 역할을 맡게 되면, 용기라는 가치 있는 덕목도 평범한 일상이 될 수 있다.

→ 용기를 의무적으로 발휘해야 할 역할을 맡으면 용기는 평범한 일상이 됨

셋째 문장 구조대원이나 경찰관, 소방관을 보자.

→ 예시

넷째 문장 직업 자체가 위험하고, 불확실한 상황에서도 용기 있게 행동해야 한다.

→ 예시

다섯째 문장 두려움이 크다면 그 일을 제대로 할 수 없을 것이다.

→ 예시

나 단락을 제대로 읽으려면 나 단락에 처음 등장하면서 강조되는 말에 주목해야 해요. 바로 '역할'이라는 단어입니다. '역할'에 주목하면서 문장 관계를 살펴볼까요?

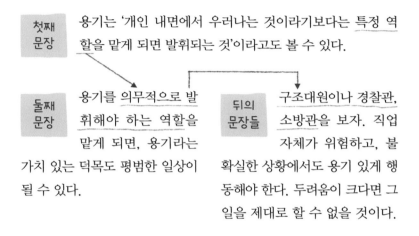

첫째 문장 용기는 '개인 내면에서 우러나는 것이라기보다는 특정 역할을 맡게 되면 발휘되는 것'이라고도 볼 수 있다.

둘째 문장 용기를 의무적으로 발휘해야 하는 역할을 맡게 되면, 용기라는 가치 있는 덕목도 평범한 일상이 될 수 있다.

뒤의 문장들 구조대원이나 경찰관, 소방관을 보자. 직업 자체가 위험하고, 불확실한 상황에서도 용기 있게 행동해야 한다. 두려움이 크다면 그 일을 제대로 할 수 없을 것이다.

문장 관계를 살펴보니 '용기'가 '특정 역할'을 맡음으로써 발휘될 수 있다는 내용이 보이지요. 이렇듯 문장 간의 관계를 읽으면 중요한 부분이 눈에 들어옵니다. 이는 바로 다음 단락을 읽는 데 도움을 주지요. 그렇다면 가 단락에서 '우리에게 필요한 용기'를 말하고, 나 단락에서 '특정 역할'을 강조한 이유가 뭘까요? 우리는 앞 단락에서 파악한 중요한 내용을 가지고 뒤의 단락을 읽어야 해요. 그래야 다음 단락이 제대로 읽히거든요. 가, 나 단락이 말한 중요한 내용과 함께 다 단락을 보도록 해요.

나   `1문장` 용기는 '개인 내면에서 우러나는 것이라기보다는 특정 역할을 맡게 되면 발휘되는 것'이라고도 볼 수 있다.

  `2문장` 용기를 의무적으로 발휘해야 하는 역할을 맡게 되면, 용기라는 가치 있는 덕목도 평범한 일상이 될 수 있다.

  `3, 4, 5문장` 구조대원이나 경찰관, 소방관

다   `1문장` 그렇다고 모두가 구조대원, 경찰관, 소방관이 될 수는 없다.

  `2문장` 우리는 스스로에게 '내 역할은 힘든 상황에 처한 타인을 돕는 것이다' 또는 '사소한 위험들은 피하지 말고 맞서 보자'라고 의무를 지워 볼 수 있다.

  `3문장` 심리학자 로버트는 스스로에게 그런 역할을 부여하는 것만으로도 좀 더 용감해질 수 있다고 했다.

  `4문장` 학교에서나 집에서 내가 맡게 될 용기 있는 역할은 무엇일까?

  `5문장` 평소라면 하지 않았을 행동을 내가 직접 나서서 역할을 맡으면서 일상 속에서 용기 지수를 높여 보는 것은 어떨까?

가   우리에게 필요한 용기

다 단락의 첫 문장을 보세요. 나 단락의 예시를 버렸어요. 왜 그런지 관계를 읽고 알아볼까요?

다 단락에서 '내 역할', '스스로에게 그런 역할을 부여'처럼 중요한 부분이 보이지요. 우리가 본 세 단락의 중요한 부분을 엮어야 이 글이 말하고자 하는 내용이 분명해집니다. '우리에게 필요한 용기는 내 스스로 역할을 부여해서 일상에서 용기 지수를 높인다'라는 주제를 이끌어 낼 수 있지요.

글을 읽을 때는 문장 관계를 살펴보고 더 중요한 내용을 찾아 읽어야 한다고 했잖아요. 문장 하나하나를 읽기보다 어느 문장이 중요하고, 다른 문장들은 그 중요한 문장을 어떻게 도와주고 있는지 관계를 살펴보라고요. 이 말을 단락까지 확장해야 해요. 각각의 단락을 읽어서 정보를 모으지 말고 전체를 읽어 단락 간의 관계를 파악하는 거예요. 이 내용은 뒤에서 더 자세히 이야기할 겁니다. 전체에서 가장 중요한 부분을 중심으로 나머지들의 관계를 읽는다. 이 사실을 꼭 기억하세요.

◆ ◆ ◆

문장 간의 관계를 살펴보고 중요한 내용을 파악하는 방법을 익혔지요? 이제 모든 문장을 하나하나 읽을 때보다 더 **빠르고** 쉽게 글을 읽을 수 있게 되었어요. 그러면 남는 시간에 무엇을 할까요? 글을 느끼면 돼요. 글을 읽고 감동을 받기도 하고 호기심을 충족하거나 재미를 느낄 수도 있지요. 글을 읽고 나서 드는 자신의 감정과 생각을 온전히 느껴 보세요.

방금 본 예문은 어떤 방식으로 여러분을 설득했나요? 첫 번째 단락에서 용기가 두려움을 이기는 마음가짐이라고 말했고, 두 번째 단락에서 특정 역할이 용기를 낼 수 있게 한다고 했지요. 그리고 마지막 단락에서 스스로에게 특정 역할을 부여하면 우리도 용기 있는 행동을 할 수 있다고 말했어요.

멋지지 않나요? 글을 읽을 때는 내용만 읽으면 안 돼요. 글쓴이가 말하고자 하는 바를 어떤 방식으로 전달하는지도 읽어야 하지요. 간단히 말하면 '글의 질서'를 파악하는 거예요. 글의 질서는 문장과 문장 간의 관계, 단락과 단락 간의 관계로 나타난답니다. 질서를 파악하는 연습을 하면 글을 읽을 때는 물론 글을 쓸 때와 말할 때도 유용해요. 문장 하나하나에 얽매이는 시간을 줄여서 더 크고 중요한 것들의 관계를 읽는 데 집중하세요. 그러면 더 많은 내용을 배울 수 있답니다.

나는 어떻게
읽을까?

내가 글을 어떻게 읽는지 알면 더 좋은 글 읽기 방법을 배울 수 있어요. 내가 어떻게 읽는지 파악하려면 펜과 읽을거리를 준비하고 평소처럼 읽어 보세요. 글에 집중할 수 있도록 휴대 전화는 멀리 두는 게 좋겠지요? 글을 다 읽은 다음에 글에 남은 흔적을 보면 자신이 글을 어떻게 읽는지 확인할 수 있어요.

아마 책을 아끼는 사람들 중에는 깨끗하게 보고 싶어서 책에 아무런 표시를 하지 않는 사람도 있을 거예요. 그런 사람들은 복사를 하거나 태블릿으로 사진을 찍어 필기를 해 보면 도움이 된답니다.

자신이 표시한 부분에서 글쓴이가 말하고자 하는 바를 이끌어 낼 수 있다면 글을 제대로 읽은 것이지요. 예를 하나 볼까요? 다음 예시에서 칭찬할 점을 찾아보세요.

가 심리학자 로버트 비스워스 디너는 용기가 특정 행동이 아니라 '두려워하지 않고 위험에 대처하는 마음가짐'이라고 했다. 보통 사람들이 생각하듯 실천하기 어려운 자기희생이나 영웅적인 행동만이 용기는 아니다. 크고 작은 불안으로 가득한 일상에서 우리가 두려움에 맞서 당당하게 버티고, 필요할 때 행동할 수 있는 용기가 우리에게 필요하다.

나 용기는 '개인 내면에서 우러나는 것이라기보다는 특정 역할을 맡게 되면 발휘되는 것'이라고도 볼 수 있다. 용기를 의무적으로 발휘해야 하는 역할을 맡게 되면, 용기라는 가치 있는 덕목도 평범한 일상이 될 수 있다. 구조대원이나 경찰관, 소방관을 보자. 직업 자체가 위험하고, 불확실한 상황에서도 용기 있게 행동해야 한다. 두려움이 크다면 그 일을 제대로 할 수 없을 것이다.

다 그렇다고 모두가 구조대원, 경찰관, 소방관이 될 수는 없다. 우리는 스스로에게 '내 역할은 힘든 상황에 처한 타인을 돕는 것이다' 또는 '사소한 위험들은 피하지 말고 맞서보자'라고 의무를 지워 볼 수 있다. 심리학자 로버트는 스스로에게 그런 역할을 부여하는 것만으로도 좀 더 용감해질 수 있다고 했다. 학교에서나 집에서 내가 맡게 될 용기 있는 역할은 무엇일까? 평소라면 하지 않았을 행동을 내가 직접 나서서 역할을 맡으면서 일상 속에서 용기 지수를 높여 보는 것은 어떨까?

일단 무엇에 관해 말하고 있는지 동그라미로 눈에 띄게 표시한 부분이 좋아요. 어떤 글이든 무엇에 관해 말하는지 그 대상을 표시해 보세요. 그러면 글의 핵심을 파악하기 쉽습니다. 그런데 한 가지 아쉬운 점이 있어요. 용기에 관해 무엇이라 말했는지 밑줄 친 내용으로 확인하기 어렵다는 점입니다. 글에서 말하고자 하는 바는 대개 아래의 형식으로 말할 수 있어요.

○○○○이 ○○○○

무엇 ↑   ↖어떠하다

보통 앞에 놓인 '무엇'을 찾기는 쉬운데 '어떠하다'의 부분을 놓치는 경우가 많아요. 그래서 '어떠하다'를 알 수 있는 부분을 꼭 표시해야 합니다. 단, 밑줄을 너무 많이 그으면 중요도를 파악하기 힘들어요. 그러니 화살표, 네모처럼 다양한 표시를 활용하여 밑줄 친 부분들 간의 관계를 표시하면 좋습니다.

가   심리학자 로버트 비스워스 디너는 용기가 특정 행동이 아니라 '두려워하지 않고 위험에 대처하는 마음가짐'이라고 했다. 보통 사람들이 생각하듯 실천하기 어려운 자기희생이나 영웅적인 행동만이 용기는 아니다. 크고 작은 불안으로 가득한 일상에서 우리가 두려움에 맞서 당당하게 버티고, 필요할 때 행동할 수 있는 용기가 우리에게 필요하다.

나   용기는 '개인 내면에서 우러나는 것이라기보다는 특정 역할을 맡게 되면 발휘되는 것'이라고도 볼 수 있다. 용기를 의무적으로 발휘해야 하는 역할을 맡게 되면, 용기라는 가치 있는 덕목도 평범한 일상이 될 수 있다. 구조대원이나 경찰관, 소방관을 보자. 직업 자체가 위험하고, 불확실한 상황에서도 용기 있게 행동해야 한다. 두려움이 크다면 그 일을 제대로 할 수 없을 것이다.

다   그렇다고 모두가 구조대원, 경찰관, 소방관이 될 수는 없다. 우리는 스스로에게 '내 역할은 힘든 상황에 처한 타인을 돕는 것이다' 또는 '사소한 위험들은 피하지 말고 맞서 보자'라고 의무를 지워 볼 수 있다. 심리학자 로버트는 스스로에게 그런 역할을 부여하는 것만으로도 좀 더 용감해질 수 있다고 했다. 학교에서나 집에서 내가 맡게 될 용기 있는 역할은 무엇일까? 평소라면 하지 않았을 행동을 내가 직접 나서서 역할을 맡으면서 일상 속에서 용기 지수를 높여 보는 것은 어떨까?

어때요? 중요하다고 생각되는 부분을 모두 밑줄로만 표시하기보다 네모, 별표, 화살표로 표시하니 핵심 내용이 더 눈에 잘 들어오지요? 이렇게 표시하면 앞에서 말했던 문장이나 단락의 관계를 한눈에 보기도 좋고, 이 글에서 중요하게 다루는 대상이 무엇인지 파악하기도 좋아요.

글을 읽으면서 남긴 흔적은 글을 읽은 사람의 판단을 보여 줘요. 간결하게 표시하되 그 관계를 알 수 있도록 해야 결과에 반영된 질서를 파악할 수 있다는 사실도 기억해 두세요.

목차를 보고
전체 파악하기

글에서는 주제가 가장 중요합니다. 말하고자 하는 바가 주제로 집약되지요. 글을 제대로 읽으려면 주제가 어떤 질서로 드러나고 있는지 파악해야 해요. 전달 동기에 충실한 글, 즉 객관적이고 합리적인 글은 특히 거시적인 구조를 이해해야 하지요.

그렇다면 거시적인 구조란 무엇일까요? '거시적巨視的'은 사물이나 현상을 전체적으로 파악하는 것을 말해요. 즉, 전달 동기에 충실한 글은 전체 구조를 이해해야 한다는 뜻이에요.

글의 전체 구조를 가장 쉽게 보여 주는 것이 있어요. 바로 목차입니다. 아무리 긴 글이어도 간단한 구조로 만들면 목차가 돼요. 책을 전체적으로 살펴보고 싶다면 목차를 보면 되지요.

글을 읽는 목적에 따라서 목차를 보고 특정 부분을 읽을 수도 있어요. 단, 이렇게 일부만 읽을 때는 전체 내용이 이야기하려는 방향이 무엇인지 고려하며 읽어야 해요.

그렇다면 이 책의 자매 책이라고 할 수 있는 《생각이 글이 되기까지》의 목차를 볼까요?

글을 읽으려면 이것만은 꼭

◆◆◆

앞에 제시한 목차를 더 간결하게 정리해 볼게요.

	1장	2장	3장	4장
소제목	써야 알 수 있는 생각	생각을 글로 그리는 법	글을 구성하는 것들	글을 쓰는 과정
중제목	글로 생각하기		생각이 글이 되기까지	
대제목	생각이 글이 되기까지			

이렇게 목차를 정리해 보면 책에서 말하고자 하는 바가 무엇인지 더욱 명확하게 보여요. 여러분도 책을 읽기 전에 목차를 간결하게 만들어 보세요. 그 과정에서 책의 큰 구조를 알 수 있어요. 때때로 책을 읽고 나서 대제목, 중제목을 중심으로 핵심 내용을 정리하거나 구조도를 그려 보는 것도 도움이 됩니다.

독서 공책을 쓰는 데 익숙해졌다면 공책에 목차를 간결하게 만든 표를 넣어도 좋아요. 마인드맵처럼 그림으로 그려 넣으면 더욱 좋지요. 혹시 컴퓨터로 독서 내용을 기록하고 있다면 하이퍼링크 기능을 활용해 보세요. 각 제목마다 자신의 생각을 적은 글을 하이퍼링크로 연결해 두면 관리하기가 편해요. 공부하려고 글을 읽을 때도 마찬가지예요. 글의 전체 틀을 만들고 각 부분의 필기 내용, 중요 부분, 앞으로의 과제를 정리해 하이퍼링크로 연결할 수 있어요.

이 작업을 하면 뭐가 좋을까요? 시간이 지난 뒤 그 글을 다시 봐야 할 때, 독서 공책을 보며 글의 전체적인 구조 그리고 그 글과 관련된 자신의 생각을 한눈에 볼 수 있어요. 아래 그림을 볼까요?

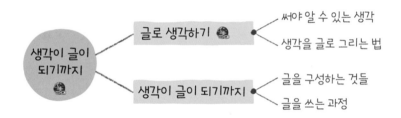

여기서 '글로 생각하기' 옆에 표시된 그림이 하이퍼링크입니다. 이 그림을 누르면 자신이 연결한 문서를 확인할 수 있어요. 여러분이 사용하는 소프트웨어에 따라 다양한 모양으로 나타날 거예요. 한글이나 워드 문서에서도 하이퍼링크 기능을 활용할 수 있지요.

누군가는 '굳이 복잡하게 링크까지 연결해 독서 공책을 만들어야 하나?'라고 생각할지도 몰라요. 물론 하이퍼링크 기능은 선택 사항입니다. 단, 한 가지는 꼭 기억해 두세요. 자신의 생각을 정리하고, 새로운 과제를 만드는 과정은 글을 읽는 것만큼이나 중요해요. 이 과정을 거쳐야 글을 온전히 내 것으로 만들 수 있지요.

전달 동기에 충실한 글을 읽으면 새로운 과제들을 만들 수 있어요. 예를 들어, 기후 변화를 설명하는 글을 읽고 지구를 위해 나와 가족이 집에서 무슨 노력을 할 수 있는지, 학교나 편의점에서는 무엇을 실천하면 좋을지 구체적으로 알아보자는 과제를 만들 수 있어요.

새로운 과제를 해결하면서 자신이 중요하게 생각하는 가치는 무엇인지, 더 나은 세상을 만들기 위해 어떤 역할을 맡아야 할지 알 수 있지요. 그래서 글을 읽으면서 많은 정보를 남겨 두면 좋아요. 지금 만들어 둔 결과물을 내일이나 1년 후에 보면서 새로운 과제를 만들 수 있기 때문이에요. '내일의 나여, 오늘의 결과를 토대로 고생해 줘'라고 부탁하는 것이지요.

글을 읽는 5단계

'글을 빠르고 정확하게 읽는 쉬운 방법은 없을까?' 여러분도 이런 고민을 해 봤을 거예요. 글을 읽기도 전에 '읽는 건 지루해'라며 시큰둥해질 때가 있지요. 마음잡고 읽기 시작했는데 글이 너무 어려워서 포기하기도 하고, '도대체 이런 글을 왜 읽어야 할까?'라는 생각도 했을 거예요. 특히 그림도 없고 재미있는 이야기도 없는 글을 읽기란 쉽지 않아요. 소설보다 설명문을 읽는 게 더 재미없잖아요.

왜 이런 글을 읽기가 어려울까요? 글 안의 모든 내용을 같은 무게로 보기 때문이에요. 아래 그림처럼 생각하는 거지요.

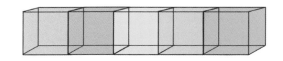

글을 읽으려면 이것만은 꼭

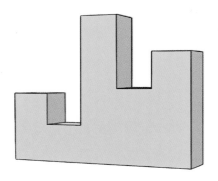

하지만 글은 그렇지 않아요. 위의 그림처럼 더 중요한 부분이 있고, 덜 중요한 부분이 있지요. 이 사실을 깨달으면 글을 쉽게 읽을 수 있어요. 평면처럼 보이는 글을 입체적으로 파악해서 읽어 보세요. 즉, 무게를 파악하면서 읽는 거지요.

◆ ◆ ◆

앞에서 문장의 무게를 파악했지요? 단락에도 중요한 단락과 덜 중요한 단락이 있어요. 중요한 단락이 다른 단락들보다 더 무겁지요. 그 부분이 '주제'와 관련되기 때문이에요. 중요한 부분을 파악하며 글을 읽는 과정은 크게 다섯 단계로 나눌 수 있어요.

주제문 찾기 → 중요 단락 찾기 → 중요 단락의 핵심 읽기

→ 연계 단락의 역할 읽기 → 전체 구조 그리기

1단계: 주제문 찾기

글을 읽을 때는 가장 먼저 글에서 말하고자 하는 바가 담긴 문장을 찾아야 해요. '글을 다 읽어야 주제문이 무엇인지 알 수 있지 않나?'라고 생각하는 사람도 있을 거예요. 아주 어려운 글은 그럴 수도 있어요. 하지만 글을 다 읽고 나서 주제문을 찾으려면 시간이 너무 오래 걸려요. 그래서 글을 읽기 전에 이 글은 무엇을 말하려고 하는지 미리 생각해 보면 좋아요.

제목이나 소제목을 보면 글에서 말하고자 하는 바를 더 쉽게 파악할 수 있어요. 소제목에는 주제와 밀접한 관련이 있는 핵심어구가 포함되어 있기 때문이에요. 그러니 소제목으로 주제문을 만들어 보세요. 소제목이 없다면 핵심어구를 찾아서 문장을 만들면 됩니다. 주제문은 핵심어구들이 모여서 이루어지거든요. 만약 A4 한 장 이내의 짧은 글이라면 우선 빠르게 훑어 읽어서 무엇을 말하는지 찾아보세요.

2단계: 중요 단락 찾기

문장이 모이면 단락이 됩니다. 여러 개의 단락이 모이면 한 편의 글이 되지요. 그래서 어떤 글을 처음 읽을 때는 전체적으로 훑어 읽으면서 중요한 단락이 무엇인지 찾아야 합니다. 글쓴이가 말하고자 하는 핵심 내용이 있는 단락이 중요 단락입니다. 글을 읽는 데 익숙해지면 주제문을 찾을 때 중요 단락도 같이 찾을 수 있습니다. 중요 단락 안에 주제문이 있을 테니까요.

중요 단락을 찾아서 무엇을 해야 할까요? 중요 단락은 중요한 단락답게 꼼꼼히 읽고, 중요하지 않은 단락은 부차적인 단락답게 무슨 역할을 하는지 읽어야 해요. 그래서 중요 단락을 찾는 과정은 단락과 단락 간의 관계를 읽는 과정이랍니다. 관계 읽기! 이 과정은 독서를 할 때 굉장히 중요해요. 글의 구조를 파악해 글쓴이가 말하고자 하는 바를 빠르게 알 수 있도록 도와주니까요.

3단계: 중요 단락의 핵심 읽기

이제 중요 단락을 찾았으니 그 단락을 정독해야 합니다. 중요한 단락 안에서 다시 가장 중요한 부분이 어디인지 찾아야 해요. 단락 안의 핵심을 읽을 때 중요 내용이 앞에 있는지 뒤에 있는지 살펴보아도 좋아요. 국어 시간에 배운 두괄식이나 미괄식 같은 정보를 활용하는 거지요. '두괄식'의 '두頭'는 머리를 뜻해요. 즉, 핵심 정보가 앞에 있다는 뜻이지요. 미괄식의 '미尾'는 꼬리, 즉 핵심 정보가 뒤에 있다는 거예요. 이때 앞서 찾은 주제문과 함께 생각해야 한다는 점도 잊지 마세요. 중요 단락의 핵심 정보는 어떤 방식으로든 주제문과 연관되니까요. 독서를 할 때 내가 어느 부분을 읽든 항상 주제문을 생각하며 읽어야 해요.

4단계: 연계 단락의 역할 읽기

글을 구성하는 모든 단락은 주제문을 위해 존재해요. 그러니 중요한 단락이 아니라고 해서 다른 단락들을 무시하면 안 돼요. 그 단락들은 중요한 단락을 위해 각자의 역할을 하거든요. 그 역할이 무엇인지를 간단히 정리하는 것이 중요해요. 그래야 단락들을 짜임새 있게 묶을 수 있고 단락 간의 관계를 파악하기 좋아요. 나중에 글을 쓸 때 내용을 구성하는 데도 도움이 돼요. 특히 중요 단락 앞뒤에 있는 단락이 중요 단락에 어떤 역할을 하는지 판단하는 게 아주 중요합니다.

5단계: 전체 구조 그리기

글의 전체 구조를 그린다는 말은 글의 뼈대를 추린다는 뜻이에요. 다시 말해, 글의 목차를 추려서 이들의 관계를 그림으로 그리는 거예요. 마인드맵처럼 간단하게 그려도 괜찮아요. 글의 전체 틀을 보려고 글의 구조를 그리는 거랍니다. 전체 틀을 그릴 수 있으면 글의 내용을 모두 이해한 셈입니다.

글을 읽는 게 익숙하지 않다면 지금 살펴본 5단계를 차근차근 따라 해 보세요. 물론 처음에는 어려울 수도 있어요. 하지만 천천히 읽는 연습을 하다 보면, 좀 더 빠르고 정확하게 글을 이해하는 순간이 올 거예요. 그러니 글 읽기가 아직 힘든 사람들은 시간이 오래 걸리더라도 꼭 5단계를 모두 해 보세요. 만일 이 5단계를 모두 거치지 않아도 전체 구조를 그릴 수 있다면 독서의 달인이 된 것이랍니다. 각 단계의 활동을 한꺼번에 수행할 수 있으니까요.

◆ ◆ ◆

글 읽기의 5단계를 적용해 글을 읽어 볼까요?

가 수학은 원래 자연의 관찰과 발견을 토대로 출발했다. 증명은 다른 사람을 논리적으로 설득하는 데 활용된 것이고, 수학 지식을 정리하기 위한 것이 공리적 방법이다. 이런 닫힌 수학은 고대 그리스 시대에 정리되었다. 증명이나 공리적 방법의 수학은 새로운 발견이라는 최초 전통에서 멀어진 닫힌 수학이 되고 말았다. 닫힌 수학은 창의적 발상을 지연시켰다.

나 17세기의 과학적 경향은 관찰과 실험에 기반하는 최초 수학적 전통의 맥을 이었다. 관찰과 실험이라는 근대 과학의 방법론으로 갈릴레오, 케플러와 같은 과학자들은 수많은 업적을 창출했다. 이들의 과학적 성과는 새로운 수학 발전의 계기가 된다. 현대 역학적 질서를 설명할 수 있는 새로운 수학적 도구가 필요했기 때문이다.

다 이 과정에서 새로 탄생한 수학이 미분 적분학이다. 이 새로운 수학은 무한한 대상을 고려하며 역동적이고 변화에 열려 있다. 정적이며, 고정적이고 유한한 대상을 자료로 삼던 수학적 방식을 극복한 것이다. 이렇듯 자연에 기초하여 역동적으로 변화하는 수학은 다른 분야에 공헌할 수 있으며 수학 스스로의 성장에 기여할 수 있다.

주제문 찾기

글을 읽을 때는 항상 '글쓴이가 글에서 하고 싶은 말이 뭘까?' 를 생각해야 합니다. 먼저 훑어 읽고 주제문을 찾아보세요. 주제문은 '글에서 말하고자 하는 바'를 문장으로 표현한 거예요. 주제문을 빨리 못 찾을 수도 있어요. 어려운 글일수록 더 쉽지 않지요. 그럴 때는 질문을 바꾸어 보세요. '무엇에 대한 글일까?'라고요. 앞의 글은 '수학'에 관해 설명하고 있어요. 한 발자국 더 나아가 볼까요? 수학에 관해 무엇을 말하고 싶은 걸까요? 주제문이 보이나요? 마지막 부분에 있어요. '자연에 기초하여 역동적으로 변화하는 수학은 다른 분야에 공헌할 수 있으며 수학 스스로의 성장에 기여할 수 있다'라고 말이지요.

중요 단락 찾기

모든 단락을 같은 무게로 보면 안 된다고 했지요? 중요한 단락을 찾아야 합니다. 그런데 주제문을 찾는 과정이 중요 단락을 찾는 과정이기도 해요. 주제문이 있는 문단이 중요 단락인 경우가 많지요. 이는 중요 단락을 찾으면 주제문 찾기가 쉽다는 뜻이기도 해요. 만약 주제문이 명확하지 않다면 중요 단락을 먼저 찾아도 됩니다. 앞서 본 5단계의 순서가 바뀌어도 괜찮다는 말씀! 앞의 글에서 가장 중요한 단락을 찾아보세요. 주제문을 찾았던 방법으로 중요 단락을 찾으면 됩니다. 그렇게 하면 다 단락이 가장 중요한 단락이라는 사실을 알 수 있지요? 주제문도 여기에 있어요.

중요 단락의 핵심 읽기

중요 단락을 찾았다면 드디어 정독할 시간이에요. 중요 단락을 꼼꼼히 읽으며 핵심을 찾아야 하지요. 다 단락을 보세요. 마지막 문장의 '이렇듯'을 기준으로 앞뒤 문장의 무게가 다르지 않나요? 마지막 문장의 무게가 더 무거워요. 중요하다는 의미지요. 따라서 '자연에 기초하여 역동적으로 변화하는 수학'이 주요 핵심어구라는 사실을 알 수 있어요. 핵심어구가 길고 복잡할 때는 자신의 말로 정리해도 좋아요. '자연에 기초한 역동적 변화의 수학'처럼요. 마지막 문장 뒷부분의 '다른 분야에 공헌'과 '수학 스스로의 성장에 기여'는 아래처럼 정리할 수 있어요.

자연에 기초한 역동적 변화의 수학: 다른 분야에 공헌
새로운 수학   수학 스스로의 성장에 기여

다 단락에서는 '자연에 기초한 역동적 변화의 수학'을 '새로운 수학'이라고 이름을 붙였어요. 이처럼 좋은 글에서는 핵심 정보를 다른 말로 바꾸기도 하면서 여러 번 반복해요.

연계 단락의 역할 읽기

연계 단락은 핵심 단락들을 연결해 주는 단락이에요. 연계 단락은 빠르게 읽어야 해요. 핵심 정보가 적은 부분까지 꼼꼼히 읽으면 중요하지 않은 데 빠질 수 있어요. 연계 단락에서는 역할이 중요합니다. 가 단락과 나 단락을 보세요. 중요 단락인 다 단락과 더 긴밀한 단락은 무엇인가요? 나 단락이에요. 나 단락은 다 단락에서 중요하게 생각하는 '새로운 수학'이 언제, 어떤 상황에서 시작되었는지를 설명하고 있어요.

그러면 가 단락도 '새로운 수학'이라는 말을 중심으로 읽어 볼까요? 가 단락에는 '닫힌 수학'이 나오네요. 중요 단락에서 정리한 내용을 보면 다른 분야에 공헌하지 못하고 발전하지 않는 수학이지요. 이 내용을 떠올리면서 가 단락의 끝부분을 보세요. '새로운 발견이라는 최초 전통에서 멀어졌고, 창의적 발상을 지연시키는 수학'이 중요 단락의 내용과는 반대된다는 사실을 알 수 있지요?

전체 구조 그리기

이 글이 무엇을 말하고자 하는지, 중요 단락이 어디인지, 연계 단락의 역할은 무엇인지를 파악했다면 전체 구조를 이해하기가 쉬워요. 이 글을 새로운 수학과 닫힌 수학이라는 질서로 정리하면 아래와 같답니다.

가	닫힌 수학: 증명, 공리적 방법	창의적 발상 지연
	↕	↕
나	수학의 새로운 힘	갈릴레오, 케플러 과학의 공헌
	‖	‖
다	자연에 기초한 역동적 변화의 수학	다른 분야의 발전에 공헌 수학 자체 성장을 이룸

가 단락은 닫힌 수학을 설명하고, 나 단락은 새로운 수학이 발전한 상황을 말하고 있어요. 반대의 위치에 있는 두 수학을 다루고 있지요. 그래서 이 관계를 화살표로 나타냈어요. 그리고 다 단락은 나 단락에 언급된 새로운 수학에 관해 더 자세히 설명하지요. 결국 같은 대상을 설명하고 있어서 두 단락의 관계를 등호로 나타냈어요. 이렇게 구조를 정리하면 각 단락의 내용과 단락들의 관계도 한눈에 볼 수 있지요.

나만의 주제문
오답 노트 만들기

    글을 읽기 전에 주제문을 찾아야 한다고 했어요. 주제문을 중심으로 나머지 부분이 어떤 역할을 하는지 파악해야 하기 때문이지요. 그래서 주제문이 직접적으로 보이지 않을 때는 주제문을 예측해야 한답니다. 이때 중요한 것! '주제문을 잘못 찾으면 어떻게 하지?'라고 불안해하지 말아요. 좋은 글은 주제문을 중심으로 쓰여 있어요. 주제문을 잘못 찾았다 하더라도 글을 읽는 동안 얼마든지 수정할 수 있지요. 처음에는 주제문이 ○○○인 줄 알았는데 글을 읽다 보니 △△△가 주제였다고 수정하는 경험은 생각보다 중요해요. 이런 경험은 자신에게 아주 큰 교훈을 주거든요.

    그 교훈을 발판 삼아 성장하려면 기록을 남겨야 해요. 먼저 처음에 ○○○이 주제라고 생각한 이유가 무엇인지를 적어 보세요. 그리고 그것을 △△△로 고치게 된 이유가 무엇인지도 적어 두세요. 아래처럼요.

읽은 글: _____

주제문 찾기

| 처음 생각: ○○○ ○○○ ○○○ | 이유: ~ 부분 중심으로 생각함 |
| 수정 생각: △△△ ○○○ △△△ | 이유: ~ 부분에 더 집중함 |

★ 교훈: 좀 더 큰 범위를 고려하기
　　　　미리 단정 짓지 말기
　　　　……

우리는 글을 읽으며 정보나 재미만 얻지는 않아요. 여러 번 말했듯이, 글을 읽으며 나의 독서 방식을 알고 한 단계 한 단계 읽기 실력을 높여 가는 과정도 정말 중요해요.

공부할 때 오답 노트를 쓰는 사람들이 많아요. 내가 틀린 문제의 정답과 해설을 하나하나 직접 적으며, 이다음에 비슷한 유형의 문제가 나오면 또 틀리지 않도록 하는 하나의 공부 방법이지요. 주제문을 찾으며 적은 기록 역시 마찬가지예요. 일종의 주제문 오답 노트인 셈이지요. 오답 노트에서 중요한 건 정답이 아닙니다. 자신이 오답을 선택한 이유가 무엇인지 적고, 그 오답을 더 나은 답으로 수정하려면 어떻게 생각해야 하는지 알아내야 해요. 이것이 훨씬 중요합니다. 오답 노트는 내 생각의 발견, 그 생각을 수정해 가는 과정을 기록한 보물이지요.

핵심 정보,
너의 위치가 궁금해

중요 단락 안에도 여러 문장이 있어요. 당연히 모든 문장에
핵심 정보가 있지는 않아요. 핵심 정보가 놓인 위치에 따라 단

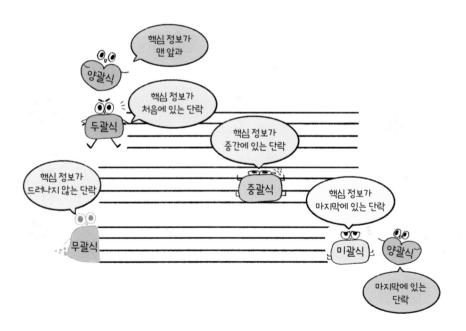

락의 종류를 나눌 수 있지요. 자세히 살펴볼까요?

단락은 처음, 중간, 끝으로 나눌 수 있어요. 핵심 정보가 처음에 있으면 '머리 두頭'를 써서 두괄식이라고 해요. 중간에 있으면 중괄식, 마지막에 있으면 '꼬리 미尾'를 써서 미괄식이라고 하지요. 드물긴 하지만 맨 앞과 맨 뒤에 핵심 정보가 있는 경우도 있어요. 말 그대로 양쪽에 있다고 해서 양괄식이라고 해요. 무괄식도 있는데 여기서 '무'는 '없을 무無'예요. 핵심 정보가 보이지 않는다는 말이지요. 정보 전달형 글에는 무괄식이 거의 없어요. 실제 글에서 확인해 보지요.

가 '진화'는 개체들이 모인 집단의 유전적 변화를 말한다. 예를 들어 보자. 말들도 옛날에는 종류가 많았다. 빠른 말, 보통 말, 느린 말 등등. 생물들은 환경이 받아들일 수 있는 정도보다 더 많은 후손을 낳으려는 경향이 있고, 통계학적으로도 개체들의 특성이 정규분포곡선(좌우 대칭의 종 모양을 한 분포 곡선)을 따르는 경향이 있다. 그래서 언제나 상대적으로 느린 말들이 존재하기 마련이다. 이 말들 중에 맹수에게 잡아먹히는 말들은 어떤 말일까? 당연히 느린 말이다. 물론 잡아먹히는 말들이 엄청 느린 것은 아니다. 단지 한 발짝 차이로 느린 말들이 잡아먹히는 것이다.

나 한두 마리가 잡아먹히고 끝났다면 개체 전체의 유전적인 변화가 일어나지 않겠지만, 이렇게 잡아먹히는 과정이 몇만 년, 몇백만 년 동안 반복해서 일어난다면 어떻게 될까? 자연적으로 빠르게 달리는 유전적 특성을 가진 말들만 살아남고, 점점 말 전체가 빠르게 달리는 특성을 갖게 된다. 이러한 전체 집단의 유전적 변화가 바로 '진화'이고, 이 과정에서 자연이 생존에 유리한 형질을 가진 개체들을 선택하는 '자연선택'이 일어나는 것이다. 다윈은 '자연선택설'을 통해 오늘날의 동식물이 수백만 년에 걸쳐 '진화'하면서 지금의 모습으로 변해 왔음을 과학적으로 증명한 것이다.

최섭, 《생물학자의 시선》, 지성사, 2018

위의 두 단락에서 핵심 정보의 위치를 확인해 보세요. 가 단락의 두 번째 문장인 '예를 들어 보자'가 보이나요? 이 문장을 보는 순간 가 단락의 끝부분으로 시선을 돌려야 해요. 예가 뒤에 계속 나온다면 '예를 들어 보자' 앞부분이 더 중요하겠네요. 맞아요. 두괄식입니다. 만일 예가 아닌 다른 내용이 나온다면 단락의 종류가 바뀔 수 있어요.

나 단락의 핵심 정보는 어디에 있나요? 앞부분은 가 단락에서 보인 예시 그대로이지요? 이때도 얼른 예가 끝나는 부분으로 이동하세요. '이러한 전체 집단'으로 시작하는 문장부터 예시가 아니네요. 일단 나 단락이 미괄식이라는 사실을 알 수 있어요. 여기서 꼭 짚고 넘어가야 할 사항이 있어요. 두괄식이나 미괄식이라는 말에 이미 단락 안의 핵심 정보를 중심으로 글을 읽어야 한다는 생각이 들어 있다는 거예요. 핵심 정보의 위치를 얼른 확인하고 그 부분에서 핵심 정보를 간략히 정리해야 하지요. 미괄식인 나 단락의 경우 마지막 문장을 간결하게 정리하면 됩니다.

이번에는 중괄식을 볼까요? 핵심 단락에서 중요 지점을 얼른 발견해야 한다고 했지요. 한 단락은 그리 길지 않기 때문에 보통은 핵심 정보를 맨 앞이나 맨 뒤에 두어요. 그래야 앞뒤 단락과의 연관 관계를 보여 주기 좋기 때문이지요. 어쩔 수 없이 핵심 정보를 중간에 놓을 때 글쓴이는 거기에 핵심 정보가 있다고 밝혀 준답니다. 다음 글을 볼까요?

진화심리학은 인간의 마음이 여러 종류의 수많은 적응으로 구성되어 있다고 본다. 인간은 오랜 진화의 역사를 거치면서 여러 유형의 '적응 문제'에 직면했고, 그런 문제를 해결하도록 설계된 마음을 가진 개체만이 진화적으로 성공했을 것이다. 그런데 여기서 중요한 것은, 우리 마음이 모든 문제를 해결하기 위해 설계된 것이 아니라, 특정한 적응 문제를 해결하기 위해 자연선택에 의해 설계되었다는 대목이다. 이는 마치 우리의 신체가 여러 기관(예컨대 눈, 다리, 심장 등)으로 구성되어 있듯이 인간의 마음도 하나의 적응적인 기관이라는 뜻이다. 진화심리학자들이 마음을 '정신 기관'이라고 부르는 이유가 여기에 있다.

장대익, 《다윈의 정원》, 바다출판사, 2017

접속사는 글을 이어 주는 역할을 하면서 어느 부분을 주목하게 만들기도 합니다. 접속사 '그런데' 뒤에는 대개 중요한 내용이 와요. 그럼 밑줄 친 '그런데' 뒤를 볼까요? '여기서 중요한 것은'이라고 이어지지요? 이 문장에 핵심 내용이 들어 있어요. 이처럼 단락의 중간에 핵심 정보가 있는 경우가 중괄식이에요. 정보 전달형 글에서 글쓴이는 자신이 말하고자 하는 바를 숨기지 않아요. 핵심 정보에 독자가 주목할 수 있도록 강조해서 말하지요.

누군가는 "'그런데' 이후가 모두 중요하면 미괄식 아닌가요?"라고 물을 수도 있어요. 멋진 질문이에요. 위의 질문에 답하려면 '그런데'의 다음 문장을 봐야 해요. '이는 마치'로 시작하는 문장에 주목하세요. 앞서 말한 내용을 비유하고 있으니 핵심 정보는 아니겠지요? 만약 이 단락의 핵심 정보가 마지막 문장에 들어 있다면 미괄식이라고 판단할 수도 있어요. 그것은 바로 이어지는 단락이 '정신 기관'을 다루느냐에 달렸겠지요. 여기서는 일단 글쓴이가 가장 강조한 부분을 중심으로 중괄식이라고 판단하면 됩니다.

연계 단락의
역할을 알려 줘

글은 하나의 잘 짜여진 틀이에요. 중요한 단락과 덜 중요한 단락들이 각자의 위치에서 도움을 주고받으며 견고하게 얽혀 있지요. 그래서 글을 정확히 이해하려면 각 단락이 어떤 역할을 하는지 알아내는 과정이 매우 중요해요. 앞에서 중요 단락이 아닌 단락들은 중요 단락을 위해 어떤 역할을 한다고 했지요. 이 말만 듣고는 역할을 어떻게 파악해야 할지 몰라서 막막할 수 있어요. 이럴 때 연계 단락들의 역할 이름을 알면 도움이 된답니다. 무엇이든 이름을 알면 구분하기가 쉬워지거든요. 역할을 기준으로 단락을 소개해 볼게요.

- 도입 단락: 준비함, 안내함, 끌어들임
- 전제 단락: 밑바탕을 깖, 미리 제시함

- 상술 단락: 자세히 설명함

- 예시 단락: 예를 제시함

- 요약 단락: 요약함

- 첨가(부연) 단락: 앞 내용을 보충함

- 강조 단락: 중요한 내용을 강조함

 단락의 구체적인 역할을 보니 어렵지 않지요? 누구나 집중해서 글을 읽으면 연계 단락의 역할을 알 수 있어요. 아래의 글에서 가장 일반적인 연계 단락인 도입 단락과 예시 단락을 찾아볼까요?

가　좋은 영화란 무엇일까? 흥행에 성공했다고 좋은 영화일까? 때로 관객 수를 따지며 많은 사람의 관심과 사랑을 받은 작품을 좋은 영화라고 홍보하는 경우가 많다. 그렇지만 관객 수는 참고 사항일 뿐 그 자체로 좋은 영화의 기준이 될 수는 없다.

나　이준익 감독은 좋은 영화에 관해 이렇게 말한다. "좋은 영화는 명쾌한 답을 주기보다 좋은 질문을 던진다고 생각해요." 주입식으로 어떤 생각을 강요하는 것이 아니라 질문을 주는 영화여야 한다는 그의 말은 많은 생각을 하게 만든다.

다 좋은 영화란 거창한 상을 받고 흥행에 성공한 영화라기보다는 나와 어떤 관계를 맺고 있는가가 중요하다. 수많은 영화 중에서 가치 있게 간직하고 싶은 영화, 다른 사람들과도 깊게 공유하고 싶은 영화가 좋은 영화이다.

라 흥행에 참패한 영화도 내 마음에 깊이 다가와 나의 인생을 좀 더 굳건하게 만들어 줄 수 있다. 누구에게나 나의 고통을 위로해 주고, 내가 조언을 구하고 싶을 때 의지가 되어 주는 영화가 한 편쯤은 있다. 바로 그런 영화가 좋은 영화이다. 우리의 현실을 바라보게 하고 좋은 꿈을 꾸게 해 주기 때문이다.

마 나에게는 〈죽은 시인의 사회〉가 그랬다. 개봉한 지 30여 년이 넘는 오래된 영화이지만 감동만큼은 생생하다. 시간을 뛰어넘어 여전히 우리의 마음을 따뜻하게 해 주고 있다. 그래서 두 차례나 재개봉될 만큼 다시 보고 싶어 하는 사람이 많다.

바 좋은 영화가 무엇인지 알고 싶다면 평론가의 말이나 별

점, 흥행을 고려하지 말고 자신의 생각을 근거로 스스로 판단할 필요가 있다.

사 영화는 재미가 있어야 한다고 말한다. 하지만 영화 감상의 시간을 '킬링 타임'이 아니라, 진정으로 살아 있는 시간인 '리빙 타임'으로 만드는 영화라면 더 좋지 않을까? 그런 영화들은 끝난 이후에 우리 삶에 관해 여러 가지를 생각하게 한다. 이렇게 스스로와 깊은 교감을 하고 더 나은 인생으로 이끌어 주는 영화가 좋은 영화이다.

이지현, 《10대와 통하는 영화 이야기》, 철수와영희, 2023

가 단락의 역할이 보이나요? 독자를 주제로 이끌어 주는 도입 단락이에요. 질문을 하며 앞으로 이야기할 '좋은 영화의 기준'을 미리 꺼냈지요. 이때 중요한 게 있어요. 가 단락은 도입 단락인 동시에 서론이지요. 하지만 서론에만 도입 단락이 있지는 않아요. 서론은 독자를 안내하는 역할을 하니까 당연히 도입 단락이 포함되어 있겠지요. 하지만 글의 중간 부분에서 새로 논의할 사항이 있을 때 도입 단락을 활용하는 경우도 많답니다. 앞서 논의하지 않았던 중요한 말을 하려면 독자를 이끌어야 하잖아요. 어느 부분이든 도입 단락이 있을 수 있다는 사실을 기억해 두세요.

마 단락의 역할도 금방 알 수 있어요. 〈죽은 시인의 사회〉라는 영화를 예로 들고 있잖아요. 예시 단락입니다. 예시 단락은 앞서 논의한 내용에 포함되는 예를 보이는 단락이지요. 예시 단락을 읽을 때 주의 사항이 있어요. 그 예가 어디서 끝나는지 얼른 파악해야 한다는 거예요. 예는 한 단락 안에 아주 짧게 나오는 경우도 있고, 하나의 예가 몇 단락에 걸쳐 나올 수도 있어요. 그러니 예시가 시작되면 얼른 그 예시의 끝을 확인하세요. 단락의 역할을 읽으려면 어디까지 같은 기능을 하는지 파악해야 하니까요.

구조를 그릴 때도 무게 비교는 필수

글의 구조를 그릴 때는 부분의 무게를 비교해야 합니다. 앞뒤 정보의 무게가 같은지 다른지 두 가지로만 파악하면 되니까 그렇게 어렵지 않아요.

앞뒤 정보의 무게가 같으면 대등 관계입니다. 나열(and) 관계, 대조(but) 관계, 선택(or) 관계가 여기에 속해요. 문장이나 단락에 대등 관계를 보여 주는 말이 나오는 경우가 많아서 확인하기 쉽습니다. 대등 관계는 무게가 같으니 똑같은 비중으로 읽어야 합니다. 구조를 그릴 때는 위에서 아래로 하나씩 그리면 되지요.

반면에 앞뒤 정보의 무게가 다르면 종속 관계입니다. 한쪽 부분에 더 중요한 내용이 담긴 경우이지요. 핵심이 담긴 부분을 왼쪽에, 부가적인 부분을 오른쪽에 그리면 됩니다. 나열 관계,

대조 관계, 선택 관계를 제외한 나머지가 모두 종속 관계에 해당합니다.

대등 관계, 종속 관계를 그리는 방식을 익혀 두면 글을 읽을 때는 물론 글을 쓸 때도 도움을 받을 수 있답니다. 어디에 어떤 내용을 넣어야 짜임새 있는 글이 될지 알 수 있기 때문이지요. 아래 내용을 볼까요?

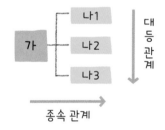

대등 관계	종속 관계
위에서 아래로 배열 나열(and), 대조(but), 선택(or)	왼쪽에서 오른쪽으로 배열 나열(and), 대조(but), 선택(or) 이외의 관계

대등 관계는 '그리고, 그러나, 또는'과 같은 표식이 있어요. 문장 안에서는 '-고, -나, -지만, -거나, -든지'로 나타나서 쉽게 확인할 수 있지요. 위의 그림에서 '나1, 나2, 나3'의 관계가 대등 관계입니다. '가'와 '나1', '가'와 '나2', '가'와 '나3'의 관

계는 종속 관계이지요. '따라서, 그래서, 그러므로, 그러니까, 그렇더라도' 같은 접속어들이 종속 관계를 나타내요. 종속 관계, 대등 관계를 잘 활용하면 글을 구성하는 요소들 간의 위계, 즉 무게를 제대로 구분할 수 있어서 구조를 그리는 데 효율적이랍니다.

꼭 기억하세요. 글을 읽을 때는 단어, 문장, 단락의 무게를 비교해야 합니다. 더 무거운 부분, 즉 더 중요한 부분에 밑줄이나 동그라미 같은 표시를 하고 그 부분을 중심으로 글의 내용을 정리하세요. 무게를 파악해야 한다고 여러 번 말하는 것은 글을 잘 읽는 데 매우 중요하기 때문입니다.

글을 입체적으로 보려면 이렇게!

　앞에서 글의 전체 구조를 그리는 방법을 이야기했지요. 구조를 그리면 글을 입체적으로 볼 수 있어요. 글의 목차를 추리는 과정과도 비슷했지요. 중요 단락과 연계 단락의 관계를 짚어 이들의 관계를 조직도로 그리는 거예요. 전체 구조를 그릴 때는 딱 하나만 기억하면 됩니다. 대등 관계와 종속 관계를 구분해야 하지요. 앞에서 보았듯 대등 관계는 단락 간의 무게가 같을 때를 말하고, 종속 관계는 둘 중 하나가 더 중요해서 포함 관계를 이루는 걸 말해요. 직접 예문을 보며 확인해 볼까요?

> **가**　사군자는 매화, 난초, 국화, 대나무를 일컫는 말입니다.
> 그리고 각각 봄, 여름, 가을, 겨울을 상징하기도 합니다.

나 우선 매화는 이른 봄에 피는 꽃으로 추위를 이겨 내고 눈 속에 핀다 하여 설중매라는 이름으로도 불립니다. 우아한 아름다움으로 혹독한 겨울을 이겨 내는 매화는 현실의 어려움에 굴하지 않는 맑고 깨끗한 선비의 지조와 동일시되었습니다.

다 두 번째로 난초는 그윽한 향기와 단아한 모습으로 많은 이들이 사랑하는 화초입니다. 난초는 군자를 상징해서 선비들이 시나 그 밖의 글에 자주 등장시켰습니다. 난초의 은은한 향기가 군자의 성품과 닮았다고 생각했던 것이지요.

라 세 번째는 국화입니다. 이른 가을부터 찬 서리가 내리는 늦은 가을까지 피는 국화는 고고한 향과 기품을 지닌 꽃으로 아낌을 받았습니다.

마 마지막으로 한겨울에도 푸른빛을 버리지 않는 대나무가 있습니다. 곧게 자라는 대나무의 모습은 절개를 목숨보다 중요하게 여긴 선비들에게 깊은 감동과 동질감을 느끼게 했지요.

바 이렇게 매화, 난초, 국화, 대나무는 풍파를 이겨 내는 강한 생명력과 고고하고 단아한 모습이 흔들리지 않는 선비의 모습과 같다 하여 '사군자'라 불리며 사랑받았던 것입니다.

송미숙,《청소년을 위한 우리 미술 블로그》, 아트북스, 2018

구조를 그리기 가장 쉬운 글은 지금 본 글처럼 첫째, 둘째, 셋째의 질서를 갖는 글이에요. 이렇게 항목을 나열하는 글은 대등하다는 뜻이니까요. 나~마 단락은 대등 관계로 그리면 됩니다. 그러면 가 단락과 바 단락은 어떤가요?

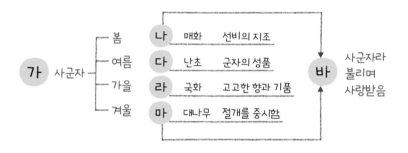

이 그림은 예문의 구조를 그대로 그린 거예요. 가 단락은 다음 단락에 나오는 네 가지를 묶어서 글을 시작하는 단락이지요. 즉, 나머지 단락을 묶으면서 도입의 역할을 해요. 바 단락은 바로 앞의 네 단락을 묶고 있지요. 이 그림을 보면 예문이 어떤 질서로 이루어져 있는지 그대로 보입니다. 단락 간의 무게를 비교해 대등 관계, 종속 관계까지 나타내니 글이 쉽게 파악되지요? 단락들의 관계도 입체적으로 볼 수 있어 좋아요.

앞에서 주제문을 잘못 찾으면 어떡하나 고민하지 말라고 이야기했어요. 내가 찾은 내용이 틀렸을지라도 글을 읽는 동안 얼마든지 수정할 수 있으니까요. 구조 그리기 역시 마찬가지입니다. 글의 구조를 잘못 그릴까 봐 걱정하지 마세요. 만약 잘못 그렸다면 수정하면 됩니다. 이 과정이 훨씬 중요해요.

구조 그리기는 자신이 글의 질서를 어떻게 생각하고 있는지를 반영하는 과정이에요. 이전에 잘못 생각했고 이를 수정한다면 전보다는 좀 더 발전된 생각을 한다는 거니까 오히려 좋지요. 생각을 수정하는 과정은 나의 생각을 더욱 성장시키는 시간이니까요.

그러니까 잘못 생각하거나 잘못 찾아도 괜찮아요. 누구나 그럴 수 있어요. 하지만 이전의 생각을 수정하는 과정은 꼭 거쳐야 해요. 설령 올바른 생각을 했어도 수정 과정을 거치면 더욱 좋아요. 생각은 항상 더 발전할 수 있거든요. 그래서 늘 이전 그림보다 더 좋은 그림을 그릴 수 있는 거예요.

지금은 글을 읽을 시간

문제 제기를 하는 글

가 읽기를 굳이 따로 배울 필요가 있을까? 우리는 초등학교, 중학교, 고등학교를 다니면서 내내 글 읽기를 배웠다. 학교에서 교과서를 읽고, 시험 문제를 읽고, 공지문을 읽는 것이 거의 생활이다. 교실 밖에서도 마찬가지다. 주변에는 온통 읽을거리다. 간판이든, 안내문이든, 인터넷 안의 정보든 매일 글을 읽으면서 살아간다. 우리의 삶 자체가 읽기의 과정이다. 삶이 읽기의 훈련장인 셈이다. 그런데 굳이 읽기를 배울 필요가 있기나 할까?

나 읽기가 문자를 하나하나 받아들이는 과정이라면, 굳이 지금 읽기를 배울 필요가 없다. 한글을 깨치는 것은 어려운 일이 아니다. 초등학교 저학년에 이미 문자를 완전히 익힌다. 하지만 읽는다는 행위는 문자 자체를 습득하는 수준을 넘어선다. 문장이나 단락 간의 관계를 파악해 글 너머의 글쓴이와 만나고 글 바깥의 세계와 만나는 일이다. 똑같은 글을 읽고도 서로 다른 것을 배우는 독자들도 많다. 보다 효과적으로 읽어 더 많이 배우고 성장하려면 좋은 독서의 방식을 배워야 한다.

글쓴이는 자신의 목적과 의도를 표현하고자 글을 쓴다고 했어요. 그리고 그것이 가장 잘 드러나는 부분이 주제문이라고도 했지요. 그런데 한 편의 글이 주제문으로만 구성된다면 얼마나 재미없겠어요? 독자를 이해시키고 설득할 수도 없을 거예요. 오히려 주제에 접근하기 전에 무엇에 관해 말할 것인지, 그것이 왜 필요한지를 언급하면서 독자의 관심을 끌어야 주제문이 더 부각될 수 있어요.

위의 예문도 마찬가지예요. 위의 글에서 중요한 내용은 어디에 있나요? 어려운 내용은 둘로 나누어서 생각하면 쉽다고 했습니다. 가, 나 두 단락 중 어떤 단락이 더 중요한지를 생각해 보세요. 나 단락이 중요하지요. 그런데 나 단락만 쓰면 어떨까요? 글쓴이가 무슨 말을 할지 전혀 모르는 독자가 갑자기 중요한 정보를 만나게 되겠지요? 독자는 당황할 겁니다. 그래서 글쓴이는 질문으로 시작했어요. 문제를 보여 주고 앞으로 무엇에 관해 논의할지를 독자에게 알려 줬지요.

훌륭한 글쓴이는 이렇게 주제를 부각하려고 글 안에 여러 가지 장치를 마련한답니다. 그 장치를 찾으면 글을 더 잘 읽을 수 있어요. 그런 장치들 중 하나가 문제 제기예요. 문제 제기는 주로 글의 도입부에서 앞으로 무엇을 논의할지, 무엇과 관련이 있는지, 왜 중요한지를 말해 독자의 관심을 유도한답니다.

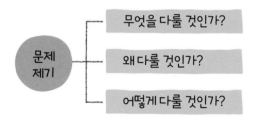

문제를 제기하는 부분은 가볍게 넘겨도 된다고 생각하는 사람이 있어요. 하지만 글을 제대로 읽으려면 문제 제기 부분에 주목해야 해요. 문제 제기에 글 전체의 틀이 숨어 있기 때문이지요. 문제 제기를 했다면 반드시 그에 대응하는 내용을 풀어

낼 수밖에 없고, 당연히 그것은 주제와 긴밀히 연결될 테지요. 따라서 문제 제기 부분을 명확히 파악하면 이어지는 글의 내용을 쉽게 예측할 수 있고, 주제 파악도 쉬워요.

이제 글쓴이가 어떤 방식으로 문제를 제기하는지, 그것을 어떻게 찾아내고 정리하는지 알아볼까요?

질문형 문제 제기

질문하기는 가장 흔한 문제 제기 방법이에요. 질문 속에서 앞으로 다룰 내용을 미리 보여 준답니다. 질문을 보고 앞으로 전개될 내용을 예측하는 힘을 기른다면 읽는 시간을 줄이고 독해의 정확성도 높일 수 있어요. 그럼 예문을 볼까요?

글 속에는 생각보다 많은 내용이 생략되어 있다. 하고 싶은 말과 관련된 모든 정보를 담으려 한다면 그것은 글이 아니라 백과사전이 될 것이다. 일반적인 글이라면 적절히 생략해야 하고 싶은 말을 '온전히 다' 할 수 있다. 그렇다면 어떤 것들이 생략될까? 왜 생략해야 하고 싶은 말을 다 할 수 있을까?

문제 제기 단락은 연계 단락에 속해서 핵심 정보가 간접적으로 제시돼요. 그래서 문제가 제기되어 있는 부분을 얼른 찾아 읽어야 합니다. 앞 예문에서 중요한 부분은 어디에 있나요? 마지막 질문들에 있지요.

- 네 번째 문장 그렇다면 어떤 것들이 생략될까?
- 다섯 번째 문장 왜 생략해야 하고 싶은 말을 다 할 수 있을까?

글 안에서 질문을 했다면 반드시 답을 해야 합니다. 당연히 두 질문의 답이 이후에 나올 거예요. 네 번째, 다섯 번째 문장의 질문을 보고 이어질 내용을 예측해 보세요. 네 번째 질문만으로 내용을 예측하기 어렵다고요? 그렇다면 질문에서 생략된 내용을 찾으세요. 네 번째 문장과 다섯 번째 문장을 비교하면 네 번째 문장에서 생략된 내용을 찾을 수 있어요. '하고 싶은 말을 다 할 수 있으려면'이 생략되었지요. 두 문장을 비교해도 답을 모르겠다면 바로 앞 문장에도 힌트가 있어요. 세 번째 문장에는 '하고 싶은 말을 온전히 다 할 수 있다'라는 말이 있지요. 이렇게 다음에 어떤 내용이 이어질지 예측하고 글을 읽으면 내용을 더 쉽게 파악할 수 있어요.

반론을 통한 문제 제기

정보 전달형 글은 다음 말로 시작하는 경우가 많아요.

오늘날, 현대 사회	현재 상황, 즉 '현황' 서술
일반적으로, 흔히, 많은(대부분의) 사람들	일반적인 생각, 즉 '통념' 서술

 왜 이렇게 첫머리를 시작할까요? 그 이유는 '현황은 이렇지만, 혹은 대개 이렇게 생각하지만 다른 현상, 다른 생각이 있다'라는 말을 하려는 거예요. 현황이나 통념에 문제 제기를 하고 논의를 이끌어 나가는 방식이지요. 이런 글 역시 문제 제기 내용을 확인하고 그에 초점을 맞춰 예측하며 읽으면 됩니다.

 오늘날 많은 국가들이 정치적으로 민주주의를, 경제적으로 시장 경제를 채택하고 있다. 이들 국가에서 자원과 소득을 분배할 때는 두 가지 방향의 의사 결정을 하게 된다. 시장을 통한 의사 결정과 정치를 통한 의사 결정이다. 사람들은 대개 민주주의와 시장 경제를 하나라고 보거나 민주주의와 시장 경제가 저절로 조화된다고 믿는다. 그러나 민주주의와 시장 경제는 의사 결정 과정부터 극명한 차이를 갖는다.

이 글을 둘로 나누어 보세요. 중요한 부분을 찾을 때 앞과 뒤로 나누어 핵심 내용이 어디에 있는지 판단하는 방법도 유용하답니다. 여기서는 마지막 문장의 '그러나'에 주목하세요. '그러나' 이후가 중요합니다. 다시 말해, '그러나' 이후의 내용이 이전의 내용보다 중요하다는 뜻이에요. 이 단락의 첫머리를 보세요. '오늘날'과 '많은 국가들'이라고 말하면서 시작하지요. 이 현황은 중요하지 않으므로 가볍게 읽어도 됩니다. 중요한 곳을 향하여 빠르게 가는 거지요. 이 부분을 요약하여 그림으로 그리면 아래와 같아요.

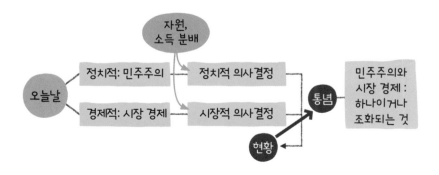

그럼, 중요하다고 뽑은 문장을 볼까요? 이 문장은 앞 내용에 대한 반론으로, 두 가지 의사 결정 과정에 분명한 차이가 있음을 말해요. 그렇다면 그다음에는 어떤 내용이 이어질까요? 당연히 두 가지 의사 결정의 차이점에 대해 말하겠지요. 뒷부분에서 얼른 그 내용을 찾아 읽어야 방향을 제대로 잡은 거예요.

어렵다고요? 반론을 통한 문제 제기는 항상 비슷한 구조를 지녀요. 어디까지가 현황이고 통념인지, 어디부터가 문제 제기이고, 또 논의 대상은 무엇인지에 주목하면서 읽는 연습을 하면 점차 익숙해질 거예요. 이때 두 부분으로 나누어 더 중요한 부분에 시선을 두어야 한다는 것을 잊지 마세요.

원인과 결과를 밝히는 글

가　전쟁에 패해서 곧 죽게 될 병사가 있다. 승자가 그 병사에게 살려 주는 대신에 노예가 되라고 요구했다면 그것은 정당할까? 18세기의 몇몇 사람들은 이 상황에서 노예가 되는 일은 그 사람에게도 이익이라고 생각했다. 적을 죽일 수도 있었는데 살려 주었으니 당사자에게도 좋은 일이라는 것이다. 장 자크 루소는 '적을 죽일 권리'로 '노예로 삼는 일'은 부당함을 증명했다.

나　먼저 전쟁 상황에서 적은 개인 대 개인의 관계에서 생기지 않는다. 전쟁은 개별 인간과 인간의 관계에서 생기는 것이 아니라 국가와 국가의 관계에서 발생하기 때문이다. 전쟁에서 만난 적은 개인적 인간으로의 적이 아니라, 다른 국가 병사로서의 적이다. 국가는 개별적 인간을 적으로 삼을 수는 없다. 국가와 하나의 개인은 성질이 다르다. 성질이 다른 관계에서 적의 관계는 성립될 수 없다.

다 전쟁의 목적이 적을 격파하는 것이라면 무기를 가진 적국의 병사를 죽일 수도 있다. 하지만 병사가 무기를 버리고 항복하는 순간 그들은 적국의 병사가 아니라 개별 인간으로 돌아온다. 앞서 말했듯 개별 인간은 국가의 적이 아니다. 적이 아닌 개인의 생명을 취할 근거는 항복과 함께 소멸한다. '개인의 생명을 취할 권리가 없는 상황'에서 '자유를 팔아서 생명을 사는 것'은 부정 거래이다.

단락 관계에 주목하며 예문을 읽어 볼까요? 가 단락은 핵심 단락 앞에서 독자를 안내하고 있으니 도입 단락이지요. 다음 단락들에 어떤 내용이 나올지 예측해 볼게요. 아마 다음과 같은 내용이 올 거예요.

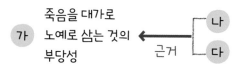

나 단락에서 가장 중요한 말은 무엇인가요? '적', '국가', '개인'을 뽑을 수 있지요. 이 핵심어를 기준으로 나 단락을 요약해 보세요. 나 단락에서 '적'은 국가 대 국가 관계에서 성립되지, '한 명의 개인'과 '국가'가 적이 되지는 않는다고 말했어요. 이것이 어떻게 죽음을 대가로 노예로 삼는 일이 부당하다는 근거가 될까요? 이 생각을 하면서 다 단락을 보세요.

다 단락에서는 항복하면 국가의 병사가 아니라 한 개인으로 돌아온다는 내용이 나옵니다. 나 단락에서 국가는 한 개인을 적으로 삼을 수 없다고 말했지요. 항복과 동시에 더 이상 적이 아닙니다. 그러니 죽일 수도 없어요. 가 단락에서 제기한 문제가 여기서 풀립니다. '생명을 취할 권리'가 이미 사라졌잖아요. 이미 없어진 '죽음'을 대가로 노예가 되라고 할 수는 없다는 말이지요. 즉, '죽이는 대신 노예가 되라'에서 '죽인다'가 없어졌으니 '노예가 되라'는 요구는 부당하다고 이야기하고 있어요. 이를 119쪽의 그림처럼 정리할 수 있어요.

여러분이 루소의 논리를 보고 감동했으면 좋겠어요. 일단 관계를 규명하고 논리적 부당성을 증명하잖아요. 오늘날 우리는 노예 제도가 부당하다는 사실을 모두가 압니다. 전쟁에서 포로의 인권을 보장하는 건 당연한 일이지요. 그런데 노예 제도가

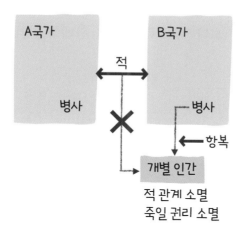

없어진 지는 그리 오래되지 않았습니다. 100년을 조금 넘겼을 뿐이에요. 부당한 노예 제도를 없애고자 아주 오랫동안 많은 사람이 노력했어요. 앞으로도 계속 노력해야 하지요. 인간은 언제든 다른 사람의 자유를 빼앗고 노예로 삼으려 하는 부당한 일을 시도할 수도 있으니까요.

한 인간이 인간답게 살려면 생각보다 많은 노력이 필요하답니다. 인과 관계를 밝히는 글은 우리가 잘못할 수 있는 부분을 바로잡아 줘요. 지금 읽은 글을 생각해 보세요. 전쟁 상황에서조차 개인을 노예로 만들면 안 되는 근거를 배울 수 있잖아요.

이처럼 인과를 밝히는 일은 매우 중요해요. 원인과 결과를 알아야 개선해야 할 부분을 명확히 알 수 있기 때문이지요. 이 유형의 글은 생각보다 많기 때문에 그 관계를 파악하는 연습이 필요해요.

원인과 결과를 정리하는 글이라는 사실을 알려 주는 말은 매우 많아요. '이유, 원인, 근거, 단서, 어떻게' 같은 단어들이 활용되지요. 주장을 펼치고 그 근거를 밝히는 글에서도 이 단어들이 자주 등장해요. 원인과 결과를 해명하는 글과 주장에 따른 근거를 밝히는 글은 비슷한 유형이기 때문이지요.

또한 '그러므로, 그래서, 따라서' 같은 접속어들이 활용되기도 해요. 이들이 문장 안으로 들어가면 '-므로, -니까, -어서'로 나타나기도 하지요. 때로 단락 간의 관계로 원인과 결과가 나올 때 '그러므로, 그래서'와 같은 접속어를 생략하는 경우도 많아요. 이런 경우에는 앞서 본 단서에 주목하여 인과 관계를 파

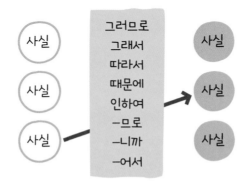

악해야 합니다.

원인과 결과를 밝히는 글은 다양하게 나타납니다. 문제 상황을 보여 주고 원인을 파악하는 글이 가장 많아요. 간혹 결과를 먼저 알려 주고 그 근거를 정리하는 경우도 있어요. 논증적인 글이 여기에 포함되지요.

이 유형의 글을 읽을 때는 먼저 결과에 해당하는 단락을 찾아 보세요. 결과를 먼저 파악하고 나서 글을 읽으면 원인을 설명하는 단락을 읽을 때 인과 관계를 이해하기가 더 수월합니다. 결과를 찾은 다음에 할 일은 '원인:결과'의 짝이 단락 안에 있는지 그렇지 않은지 파악해야 해요. 원인은 결과와 같은 단락 안에 제시될 수도 있고 이어지는 단락들에서 제시될 수도 있으니, 인과의 범위가 어디까지인지를 끊어서 읽어야 합니다.

과학 기술의 원리를 인과 관계로 풀어내는 글도 많아요. 이런 글은 뒤에서 나올 설명글과 비슷한 방식으로 읽어도 됩니다. 그 방법을 익힌 다음에 글을 읽으면 낯설고 어려운 용어가 나와도 더 쉽게 접근할 수 있어요. 다만 중요하게 다루는 원리를 뽑아 원인과 결과로 정리하는 과정을 추가하면 됩니다. 이제 직접 글을 읽으며 연습해 볼까요?

가   자유로이 말았다 펼 수 있는 롤러블rollable TV가 개발되었다. 평소에 말거나 작게 접어서 다니다가 필요할 때만 펴는 태블릿이나 노트북이 상용될 날도 머지않았다. 딱딱한 TV 화면이나 모니터를 어떻게 접거나 말 수 있을까?

나   그 원리를 알려면 LCD와 OLED의 차이를 알아야 한다. LCDLiquid Crystal Display는 다른 조명 장치의 도움을 받아 시각적 효과를 나타낸다. 스스로 빛을 내지 못하는 LCD는 화면 뒤에 빛을 공급하는 백라이트backlight가 필요하다는 특성을 갖는다.

다   반면 OLEDOrganic Light Emitting Diodes는 스스로 빛을 낸다. OLED는 화소 단위로 빛의 삼원색을 내는 유기 반도체로 구성되었기 때문이다. 백라이트가 없다는 특징 때문에 OLED 제품은 얇게 만들 수도 있고 특수 유리나 플라스틱으로도 제작할 수 있다. 롤러블 TV가 가능하게 된 이유이다.

라   딱딱한 유리 대신에 자유롭게 휘어지는 특수 유리나 플라스틱을 이용함으로써 둥글게 말았다가 펼 수 있는 TV를 생산할 수 있게 되었다. 업계에서는 앞으로 OLED가 LCD를 대체할 것이라 예측한다. 태블릿이나 노트북을 호주머니에 넣어 다닐 날이 어쩌면 더 가까워졌을지도 모른다.

앞 예문의 단락 관계를 정리해 보면 아래와 같아요.

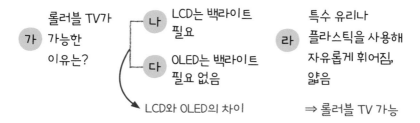

이렇게 보니 원인과 결과가 보이지요? 과학적 원리를 설명하고 있어서 용어는 낯설지만, 요약해서 보면 그 원리가 한눈에 들어와요. 아직 이렇게 글의 구조를 그리는 게 어렵다면 글에 직접 정리하는 연습부터 해 보세요. ①, ②, ○, △, ⇒처럼 번호나 기호를 글에 직접 표시하며 정리하는 연습을 하면 어느 날 글의 구조도 손쉽게 그릴 수 있을 거예요.

원인과 결과를 밝히는 글의 유용성

가 백신 접종의 원리는 사람 몸속의 생화학 반응 작용에 기초
    한다. 병을 일으키는 바이러스나 세균 등의 병원체가 몸
    속으로 침투하면 이를 물리치기 위한 항체가 만들어진다.
    이때 몸속으로 침입하는 병원체를 항원이라고 한다. 몸속
    으로 항원이 침입하면 거기에 대항하는 항체가 만들어져
    치열한 싸움이 벌어지고 이를 통해 면역력이 생긴다. 면
    역력이 생긴 후 항원이 몸속으로 침입하면 항체는 그것을
    알아보고 물리쳐서 병에 걸리지 않게 해 준다.

나 이와 같은 항원–항체 반응의 원리를 이용해 만든 것이 백
    신이다. 백신은 병을 일으키는 병원체를 닮은 물질 또는
    약화시킨 병원체다. 따라서 백신 물질을 몸에 주입하면

> 병에 걸려 심하게 아프지는 않지만, 항원−항체 반응에 따라 그 병에 대한 저항력인 면역력이 생긴다. 이렇게 면역력이 생기면 다음에 진짜 그 병의 병원체가 몸에 침투했을 때 빨리 알아보고 물리쳐 병에 걸리지 않도록 한다.
>
> 김영호, 《감염병과의 위험한 동거》, 지성사, 2021

읽기와 쓰기는 연습이 중요해요. 방법을 외운다고 해서 실력이 늘지 않거든요. 꾸준히 읽고 쓰는 연습을 해야 읽기와 쓰기를 잘할 수 있어요. 그래서 수업 시간에 글을 읽고, 그와 관련된 자신의 생각을 쓰게 하는 거예요. 글을 잘 쓰는 요령이나 잘 읽는 방법을 알려 주는 책에서도 마찬가지예요. 그러면 이제 예문을 간단히 정리해 볼까요?

가 백신 접종의 원리 − 생화학 반응 작용에 기초
나 백신 − 생화학 반응 원리 적용

어리둥절한 사람도 있을 거예요. 나 단락에는 '생화학 반응의 원리'라는 말이 나오지도 않았는데 정리한 내용에 갑자기 등장했으니까요. 이렇게 글에 나오지 않은 표현으로도 정리할 수 있습니다. 두 단락의 관계를 더 구체화해서 그 이유를 알아볼 게요.

가 백신 접종의 원리 – 생화학 반응 작용에 기초
↓ ㄱ
병원체 침투 → 항체 형성 → 면역력 생성 → 항원 침투 → 병의 예방

나 백신 – 항원–항체 반응 원리 적용
↓ ㄴ
백신 침투 → 생화학 반응 유발 → 병의 예방

ㄱ에서 '생화학 반응'이 무엇인지를 구체화하고, ㄴ에서 생화학 반응 작용과 '항원–항체 반응 원리'가 같은 말이라는 사실을 정리한 거예요. 만일 ㄱ, ㄴ의 관계를 파악하기 쉬워 굳이 적을 필요가 없다고 생각하는 사람이라면 앞에서처럼 간단히 정리해도 충분해요. 글에 나온 과정을 자세하게 정리해야 글을 이해할 수 있는 사람은 위에서처럼 구체적으로 정리하면 돼요. 정리 방법은 다르더라도 그 과정에서 글을 이해하게 되는 건 마찬가지니까요.

글의 구조를 그릴 때 학생들의 반응은 둘 중 하나입니다. 틀렸을까 봐 걱정하거나 자책합니다. 이해력이 부족해서, 집중하지 않아서 잘못 이해했다고 생각하지요. 그러면 안 됩니다.

글을 읽는 방식은 사람마다 다르고 내용을 요약하는 방식도 달라요. 그래서 글의 내용을 정리하는 어구 단위에는 정답이 없답니다. 각자의 답이 있을 뿐이지요. 여러분이 어디까지 요약하고 싶은지, 또 무엇을 반영하고 싶은지를 알아야 합니다. 즉, 본인의 읽기 방식을 알아야 한다는 말이지요.

스스로를 책망한다고 해결되는 일은 아무것도 없어요. 나를 이해하는 데도 아무런 도움이 되지 않아요. 사실 자신을 책망할 틈이 없어요. 우리는 누구나 앞으로 알아 갈 것이 더 많거든요. 미래의 나보다 지금의 내가 부족한 게 당연해요. 그래서 지금의 나에게 힘을 주어야 합니다. 혹시 잘못 읽더라도 괜찮다고 계속 말했잖아요. 읽으면서 수정할 기회는 얼마든지 있고, 수정하면서 오히려 생각이 더 자라게 된다고요. 지금은 글을 읽고 세상을 보는 눈을 넓히며 성장하는 중이에요.

원인과 결과를 밝히는 글은 일상생활에서도 많은 도움을 줘요. 어떤 도움을 줄까요? 세상을 이해하는 눈을 넓혀 줍니다. 세상의 모든 일에는 이유가 있지요. 가을에 낙엽이 빨갛게 물드는 이유도 있고, 시장 경제가 좋아지는 이유도 있고, 여러분이 지금 이 책을 읽는 이유도 있어요. 특히 과학, 사회문화, 경제처럼 세상을 이해하는 데 필요한 지식은 원인과 결과가 뚜렷해요. 그래서 그 내용을 다룬 글을 읽으면 세상을 더 깊이 이해할 수 있지요.

하지만 이유가 눈에 보이지 않을 때도 많아요. 그럴 때면 일이 일어난 이유를 모르니 마음이 답답해지곤 합니다. 여러분이 글을 잘못 요약했을 때가 그렇지요. 요약된 결과를 보고 자신이 이렇게 답한 이유가 무엇인지를 짚어야 해요. 결과는 하나의 원인으로만 나오지는 않는답니다. 여러 원인이 얽히고설켜 결과가 나오지요. 그래서 심도 있게 그 원인들을 짚어 가는 과정이 필요해요.

이때 인과 관계를 밝히는 글이 도움이 돼요. 다양한 인과 관계를 밝히는 글을 읽으면서 어떤 방식으로 원인과 결과를 풀어 가는지 배울 수 있고 논리적인 시각을 배울 수도 있어요. 무엇을 배웠든 그 내용을 자신에게 적용해 보세요. 항상 다음 질문들을 해 보세요.

- 내가 이렇게 답한 이유는 무엇인가?
- 다른 사람은 어떤 방식으로 원인과 결과를 밝히는가?
- 또 다른 원인으로는 무엇이 있을까?
- 여러 가지 원인 중에서 가장 중요한 것은 무엇인가?

이런 질문들을 하며 눈에 보이지 않는 원인들까지 발견할 수 있을 때, 우리는 더 논리적이고 깊이 있게 생각할 수 있어요.

이론을 소개하는 글

가 '제3자 효과the third-person effect 이론'은 사회학자인 데이비슨 W. Phillips Davison의 가설에서 출발했다. 제3자 효과라는 이름 에서 '제3자'가 '나'가 아닌 다른 사람들을 지칭한다는 점에 주목하자. '제3자 효과'라는 개념은 대중 매체가 '나'보다는 '다른 사람'에게 더 큰 영향을 준다고 믿는 경향을 말한다.

나 예를 들어 부정적 영향을 주는 랩 가사가 있다고 해 보자. 그 가사를 접했을 때 자신은 그 가사 내용에 영향을 적게 받지만, 자신 이외의 사람들은 그 부정적 가사 내용에 영 향을 더 크게 받을 것이라고 믿는다.

다 제3자 효과는 대중 매체의 메시지에 따라 다르게 나타난 다. 대중 매체가 긍정적 내용을 전달할 때보다 부정적 내용을 전달할 때 제3자 효과가 더 크게 나타난다. 부정적 메시지에 대한 제3자 효과가 크게 나타날수록 그 부정적 영역에 대한 법적, 제도적 강제력에 찬성하는 성향을 보인다고 알려져 있다.

이론을 소개하는 글은 금방 구분할 수 있어요. 글에서 소개할 이론의 정보가 앞 단락에서 제시되니까요. 이론의 이름은 물론 그 이론을 세운 학자의 이름도 직접 언급될 수도 있어요. 이런 힌트로 이론을 소개하는 글이라는 사실을 알았다면 이어지는 단락은 쉽게 읽을 수 있습니다.

이론을 소개하는 글은 첫 단락이 매우 중요해요. 그 단락을 읽으며 소개할 이론이 무엇과 관련이 있는지 파악해야 하지요. 이론과 관련된 정보를 육하원칙에 따라 정리하면 더 쉽게 파악할 수 있어요. 이론을 소개하는 글은 언제나 어려워요. 우리에게 낯선 내용이니까 어려울 수밖에요. 이미 아는 이론을 이해하려고 굳이 글을 읽을 필요가 없잖아요. 그러니 내용이 어렵다고 절망하면 절대 안 됩니다. 새로운 지식으로 뇌를 채운다고 생각하면서 정리하세요.

앞에서 읽은 예문을 자세히 볼까요? 가 단락에서 '제3자 효과'라는 말을 보자마자 어떤 개념을 설명하는 글이라는 사실을 알 수 있어요. 바로 다음에 학자의 이름까지 나오니 이론을 소개하는 글이 확실하지요. 그다음에는 '제3자 효과 이론'과 관련된 정보를 정리해야 해요. 일단 '제3자 효과'가 무엇인지 개념을 정확하게 짚어야겠네요. 단, 모든 정보를 이해하거나 외우려하지 마세요. 표를 활용해 정리하면서 내용을 확인하세요. 아래 표에 육하원칙으로 정리해 봤어요.

빈칸이 생겨도 걱정하지 마세요. 빈칸은 두 가지 역할을 한답니다. 첫째, 이어질 글에서 나올 수도 있는 내용을 추측할 수 있어요. 물론, 빈칸의 내용이 중요하지 않다면 글이 끝날 때까

제3자 효과 이론

누가	나
언제	대중 매체를 접할 때
어디서	
왜	
무엇을	메시지(특히 부정적 메시지)에 대한 영향을
어떻게	다른 사람들이 더 많은 영향을 받음

지 등장하지 않을 수도 있어요. 둘째, 내가 앞으로 더 알고 싶은 내용의 후보가 됩니다. 제3자 효과가 왜 일어나는지 궁금하다면 이 이론을 공부하겠지요. 글 읽기는 새로운 과제를 만나는 과정이라고 말했어요. 새로운 과제를 만나면 뭐가 좋을까요? 일단 내가 무엇을 하고 싶고, 무엇을 해야 하는지 알게 되잖아요. 우리는 이렇게 글을 읽고 더 알고 싶은 내용을 찾으면서 자신을 알아 갑니다.

두 개 이상의 이론을 소개하는 글

가   음악은 대체 언제 어떤 이유로 생겨났을까? 무엇인가의 탄생과 기원은 언제나 인간의 과제가 된다. 음악의 기원 역시 학자, 음악가들의 오래된 궁금증이다. 하지만 음악이 아주 오래전부터 인간과 함께했기에 그 기원을 밝히는 것은 쉬운 일이 아니다. 오래전부터 제기되어 온 신빙성 있는 학설 몇 개를 제시해 보자.

나   첫째는 성충동설이다. 음악의 기원에 대해 가장 먼저 관심을 가진 건 생물학자들이었다. 위대한 진화생물학자인 찰스 다윈은 음악에 대한 재미있는 가설을 내놓았다. 자연 속 새들은 짝짓기를 위해 독특하고 아름다운 소리를 내며 서로를 부른다. 숲속에서 우는 풀벌레들도 마찬가지이다. 아득한 원시시대 사람들 역시 짝을 찾기 위해 동물들처럼 뭔가 소리를 통해 신호를 보냈을 것이다. 다윈은 인간이 아름다운 소리로 상대를 유혹한 데서 음악이 발생하기 시작했다고 주장한 것이다.

다 두 번째는 언어억양설이다. 18세기의 장 자크 루소나 영국의 철학자인 허버트 스펜서 등의 주장이다. 인간은 언어를 통해 의사를 전달한다. 언어의 전달은 발성 기관이 내는 소리와 이 소리의 높낮이로 이루어진다. 음악도 마찬가지다. 소리의 높낮이를 통해 청중들에게 전달되던 언어의 억양이 음악의 선율로 발전하여 자연스럽게 음악이 발생했다는 설이다. 하지만 실제로 언어에서 억양의 높낮이는 그리 중요한 작용을 하지는 않는다. 중국어나 태국어 같은 경우에는 성조라는 음의 높낮이를 사용하지만 우리말이나 영어 등에서 억양은 의미 전달에 큰 역할을 하지 않는다. 모든 인류가 비슷한 음악을 발전시켜 왔다는 데서 조금은 무리가 따르는 가설이다. 언어억양설을 조금 변형한 것이 감정표출설이다. 한마디로 사람이 흥분했을 때 내는 소리나 외침이 음악으로 발전했다고 보는 것이다. 비슷한 주장으로 신호 기원설이 있다. 여러 사람들은 큰 소리를 내면서 남녀노소 목소리의 높고 낮은 차이에 따라 자연히 음정이 생기고 그것이 노랫가락이 되었다는 주장이다.

라 마지막으로 집단노동설이다. 바라셰크, 뷔히너 등은 음악이 인간의 집단노동으로부터 시작되었다고 주장했다. 사람들이 힘을 합쳐 노동을 하면서 힘을 합치기 위해 "영차 영차"같이 박자와 리듬을 갖춘 소리를 내면서 음악이 발전했다는 주장이다. 하지만 인간들이 집단으로 노동하게 된 것이 음악보다 오래되지 않았다는 점을 보면 역사적 시차의 문제가 생긴다.

마 이 밖에도 원시 주술사들의 주문이나 기도 등에서 음악이 생겨났다는 설, 사냥을 할 때나 적의 침공을 알리는 신호로부터 음악이 시작되었다는 설 등 많은 추측들이 있다.

김호철, 《음악가들의 초대》, 구름서재, 2014

두 개 이상의 이론을 소개하는 글은 좀 더 복잡해요. 하지만 대체로 두 가지 구조를 가지기 때문에 그 구조를 알아 두면 유용하답니다.

먼저 단락마다 각각의 이론을 말하는 구조예요. 이 구조는 비교적 읽기 쉽습니다. 다른 이론을 소개하는 단락 앞에 '그러나, 한편, 반면에' 같은 접속어가 나오기 때문이지요. 앞 단락에서 이론을 다루는 글이라는 사실을 알았다면, 이어지는 단락의 첫 부분에 유의하면서 구조를 파악해 보세요. 표를 그려서 단락별로 각 이론의 내용을 정리하고 대립 관계를 그리며 글을 읽으면 됩니다.

하나의 단락에서 두 개의 이론을 말하는 구조는 좀 더 복잡해요. 한 단락을 둘로 나누어 봐야 하지요. 단락 속의 문장들을 '그러나, 한편' 같은 말을 기준으로 둘로 나눌 수도 있지만, 문장 안에서 '-지만, -나, -거나'로 대립되어 나뉘는 경우도 있어요. 그렇기에 하나의 단락이나 문장을 어디에서 나눌지 판단하는 게 매우 중요하지요.

또한 이런 구조의 글에서는 각 단락을 나눈 기준이 무엇인지 확인해야 돼요. 이런 글은 핵심적인 항목을 나누고, 각 단락에서 두 이론이 어떻게 다른지를 항목마다 설명해 주거든요. 따라서 각 단락을 어떤 기준으로 나누었는지 파악하면서

이론 A-1
그러나 ↕
이론 B-1

이론 A-2
그러나 ↕
이론 B-2

읽으면 이론의 차이를 쉽게 정리할 수 있어요.

여러 이론을 비교하는 글의 마지막 단락에서는 보통 글쓴이의 입장이 나타나는 경우가 많아요. 이때 글쓴이는 단순하게 이론의 차이만 정리하며 중립적인 입장을 취할 수도 있고 둘 중 하나를 옹호할 수도 있어요. 그러니 속단하지 말고 반드시 마지막 단락까지 꼼꼼하게 읽어 글쓴이의 입장을 파악해야 해요.

앞에서 본 예문으로 직접 연습해 볼까요? 우선 첫째, 둘째, 셋째처럼 항목의 대등 관계에 주목하여 읽으면 쉽게 이해할 수 있어요. 아래의 그림을 보세요. 각 단락의 핵심어구를 뽑고 단락들의 관계를 정리한 거예요. 가 단락이 도입부이면서 이후 단락에서 나오는 이론들의 상위 개념을 포함하고 있지요. 그리고 나~마 단락은 대등한 관계여서 한 줄로 그렸어요. 각 단락에서 설명하는 이론도 간략히 적었지요. 이렇게 보니 긴 예문이 쉽게 이해되지 않나요?

사실을 설명하는 글

가   전자레인지는 전자기파의 파장을 이용하여 조리한다. 파장이란 파의 길이를 나타내는데, 파동이 갖는 에너지는 파의 길이와 진동수에 영향을 받는다. 파장이 짧을수록, 또 진동수가 커질수록 그 파가 가지는 에너지는 큰 반면, 파장이 길어질수록 에너지는 작아지고, 진동수 또한 작아

전자기파	파장	진동수(Hz)
감마선	0.02나노미터 이하	15EHZ 이상
엑스선	0.1~10나노미터	30EHZ~30PHZ
자외선	10~400나노미터	30PHZ~750THz
가시광선	390~750나노미터	770THz~400THz
적외선	750나노미터~1밀리미터	400THz~300GHz
마이크로파	1밀리미터~1미터	300GHz~300MHz
라디오파	1미터~100,000킬로미터	300MHz~3Hz

진다. 보통 파장에 따라 전자기파를 나눌 때, 파장이 짧은 순으로 하면 감마선, 엑스선, 자외선, 가시광선, 적외선, 마이크로파, 라디오파로 나누어지니 에너지의 크기 또한 자연스럽게 알 수 있다.

나　전자레인지는 여러 전자기파 중에서 마이크로파를 이용한다. 전자레인지에 사용하는 전자기파인 마이크로파는 마이크로 2.45GHz인데, 2.45GHz란 1초 동안 약 24억 5천만 번을 진동한다는 의미다. 전자레인지의 스위치를 누르면 마그네트론에서 마이크로파를 생성해 전자레인지 용기 내부로 보내게 되면 벽에 반사하여 식품에 흡수된다. 이 마그네트론을 이용하여 생성한 마이크로파가 1초에 무려 24억 5천만 번 진동하는데, 물은 마이크로파의 진동에 맞춰 아주 심하게 요동치며 회전하고 주위 다른 물질들과 충돌을 하면서 빠르게 식품을 가열한다.

다　이렇게 전자레인지는 전기장 속에 음식을 넣어 데우는 유전가열 방식으로 조리하는 것이다. 다른 물질에 비해 진동 효율이 높기 때문에 물 분자의 회전 고유 진동수를 이용하여 그에 해당하는 파를 쏘아 주는 방법을 적용한 것이다. 그렇다면 물 분자의 고유 진동수는 얼마일까? 짐작했겠지만, 바로 전자레인지에 사용하는 진동수에 해당하는 2.45GHz이다. 또한 이 주파수는 통신에 이용되지 않으면서도 물 분자의 고유 회전 진동수와 같아서 물을 가열하는 데 효율적이다.

오미진,《십대들을 위한 꽤 쓸모 있는 과학책》, 맘에드림, 2020

사실을 설명하는 글은 쉽게 파악할 수 있어요. 그런데 그 내용을 읽기란 쉽지 않지요. 왜 그럴까요? 이론을 소개하는 글이나 의견을 주장하는 글은 중요한 부분을 찾으면 글쓴이의 의도를 분명히 파악할 수 있어요. 주제가 어렵든 쉽든 관계없이 말입니다.

하지만 설명하는 글은 그렇지 않아요. 설명하는 글은 정보를 객관적으로 전달하는 데 초점을 맞추어서 글의 유형을 파악하기는 쉬워요. 그러나 모든 부분이 중요한 내용이라 핵심만 뽑기가 어려워요. 과학 교과서를 생각해 보세요. 모든 문장이 중요한 정보를 담고 있어서 중요도로 순서를 매기는 게 쉽지 않잖아요. 다시 말해 기억해야 할 정보가 매우 많아서 글이 어렵게 느껴지지요.

다시 본론으로 돌아와서 앞의 예문이 무엇을 말하려고 하는지 생각해 보세요. 전자레인지의 작동 원리를 설명하는 글이지요. 그럼 이제 이 핵심어구를 중심으로 각 단락들을 파악해 볼까요?

가 파장의 종류와 세기
나 마이크로파의 역할
다 물 분자의 고유 진동수 활용

세 단락을 어구로 정리해 보았어요. 어때요? 간단하지요? 그런데 이렇게 정리해도 글의 내용을 떠올리기는 쉽지 않습니다. 정보의 양도 많고 낯선 내용이 자세하게 적혀 있어서 지치기 때문이에요.

그런데 사실 내용을 천천히 살펴보면 어렵지 않아요. 글의 내용을 기억해야 한다는 부담감을 내려놓으면 글이 더 쉽게 느껴질 거예요. 그래도 어렵다고요? 그럼 설명하는 글을 쉽게 읽을 수 있는 방법을 알려 줄게요. 세 가지만 기억하면 돼요. 중요한 부분 표시하기, 시각적 자료 활용하기, 모두 외우려 하지 말기! 이 세 가지 방법을 표로 간결하게 정리해 봤어요.

중요한 부분 표시하기	밑줄이나 동그라미로 표시하면서 기억력의 한계를 보완하기
시각적 자료 활용하기	글과 그림을 함께 읽고 글의 구조를 그림으로 그려 보기
모두 외우려 하지 말기	중요한 내용만 기억하고 나머지는 필요할 때 찾을 수 있도록 정리해 두기

설명하는 글을 읽은 후에도 자신을 위한 과제를 남겨 두세요. 예를 들어 전자레인지의 작동 원리인 파장을 다룬 글을 봤잖아요. 다양한 전자기파를 표로 정리해 보여 줬지요. 그러면 또 다른 파장들은 우리의 삶과 어떤 관련이 있을지 생각해 봐요. 또 지진이 발생할 때 생기는 지진파와는 어떤 관계인지 알아볼 수도 있지요. 어떤 질문이든 해 보세요. 여러분의 독서 공책에 말이지요. 정말 궁금한 내용은 직접 찾아볼 수도 있고요.

글을 읽는 과정은 내 안에 잠들어 있는 호기심 버튼을 누르는 일이에요. 그 호기심이 무엇인지를 적어 보세요. 이것이 바로 여러분을 성장시키는 독서의 힘이랍니다.

사실을 설명하는 글의 유용성

가   사물인터넷은 가정의 전자 기기를 제어할 인공지능 컴퓨터 시스템을 도입하는 것을 말한다. 이 시스템이 냉장고나 세탁기, 공기청정기, TV 같은 모든 가전 기기를 통합해 제어하는 것이다. 각종 가전제품부터 사물인터넷이 시도되고 있지만, 아직 완전히 통합되기에는 부족해 보인다. 그래도 사람들은 꾸준히 관련 서비스와 제품을 개발 중이다.

나   제대로 된 사물인터넷 기능을 완성하려면 지금보다 훨씬 차원 높은 제어 기능이 필요하다. 지금은 사람의 음성 명령을 알아듣고 TV를 켜고, 개인 취향에 맞는 TV 프로그램 정도를 소개해 보여 줄 뿐이다. 하지만 더 먼 미래에는 TV가 몇 시간 켜져 있었고, 어떤 프로그램을 누가 시청했는지와 같은 다양한 정보를 가정용 인공지능이 확인하고 서비스에 계속 반영해 나갈 수 있다. 그러기 위해서는 물론 TV와 인공지능이 서로 필요할 때 언제든 접속되는 통신 규약의 발전 역시 뒤따라야 한다.

다 우선은 가전 기기를 중심으로 사물인터넷 시장이 열리고 있다. 하지만 사실 사물인터넷이라는 말은 본래 더 넓은 의미에서 쓰인다. 더 미래로 나아간다면 이제는 평소에 전자제품이라고 생각지 않던 물건까지 네트워크로 묶이게 될 것이다.

라 침대가 건강 관리 기능을 하게 되고, 칫솔이 이 닦는 습관을 체크해 주는 도구가 될 수도 있다. 휴지통은 '분리수거를 제대로 하지 않았다'거나 '가득 찼으니 화요일에 내다 버려야 한다'고 알려 주게끔 만들 수 있다.

전승민,《십 대가 알아야 할 인공지능과 4차 산업혁명의 미래》, 팜파스, 2018

글을 읽을 때 핵심어구 찾기가 가장 기본이라고 말했지요? 이 글이 무엇에 관해 말하고 있는지 찾아보세요. '사물인터넷'이라는 말을 금방 찾을 수 있을 거예요. 이 단어에 주목해야 해요. 현재 인터넷은 무엇과 무엇을 연결하고 있나요? 간단히 컴퓨터나 스마트폰, 태블릿을 연결하지요. 그 네트워크를 통해 우리는 다양한 정보를 주고받잖아요. 용어에서는 '컴퓨터', '스마트폰', '태블릿' 대신에 '사물'이 쓰였네요. 사물과 사물 사이에 네트워크를 만들어 정보를 교환하고 기기를 제어하는 것이 사물인터넷이에요. 그럼 이제 앞에서 본 글을 단락별로 파악해 볼까요?

- 가   사물인터넷의 소개
- 나   더 발전된 사물인터넷의 필요성
- 다   사물인터넷의 미래 예측
- 라   예시

가 단락에서 사물인터넷이 무엇인지 설명했지요. 나 단락에서는 현재 사물인터넷이 어떻게 활용되고 있는지 예시를 들며 제대로 된 사물인터넷 기능을 완성하려면 무엇이 필요한지 이야기했어요. 다 단락과 라 단락은 사물인터넷이 바꿀 미래를 이야기하고 있습니다.

여러분이 이미 사물인터넷에 관한 정보를 알고 있다면 앞의 글을 읽기가 훨씬 쉽습니다. 정보를 이미 알고 있다는 말은 그 세계를 이해하고 있다는 뜻이니까요. 사실을 설명하는 글은 우리에게 세상이 어떻게 구성되어 있는지 보여 줘요. 때때로 앞의 글처럼 미래에는 어떻게 변할지 정보를 제공해 주기도 하지요.

우리가 앞서 보았던 전자레인지의 원리나 사물인터넷의 보급과 같은 글의 유용성을 생각해 보세요. "공학적 원리는 공학자들이나 물건을 만드는 사람들만 알아도 되지 않나요?" 이런 질문을 했다면 정말 훌륭합니다. 나와 글의 관계를 생각한 질문이니까요.

하지만 다르게 생각해 볼까요? 우리는 사실을 전달하는 수많은 글을 읽으며 세상이 어떻게 이루어져 있는지, 세상이 어떻게 달라질지를 배웁니다. 더욱이 지금은 자신이 공학자가 될지, 물건을 설계하거나 제작하는 사람이 될지 아직 알 수 없어요.

그런데 이런 글들은 우리를 공학의 세계로 안내해 줍니다. 지금껏 몰랐던 세상을 차근차근 보여 주지요. '아는 만큼 보인다'라는 말 들어 봤나요? 몰랐던 세계를 글로 조금씩 알게 되면 현재의 삶을 바라보는 시각도 더 넓어져요. 그리고 누군가는 공학 원리를 소개하는 글을 많이 읽으면서 자신의 미래와 연결 지을 수도 있지요.

　이렇게 사실을 전달하는 글을 확장해서 읽으면 삶에 긍정적인 영향을 줘요. 그러니 질문을 하면서 읽으면 훨씬 좋아요. 적어도 그 질문에 대해 고민할 기회를 만들어 주기 때문이지요. 그리고 그 질문의 답을 찾는 과정은 글을 읽은 효과를 더 키우는 과정이 되기도 합니다. 글을 읽으면서 한 생각 덕분에 글과 나의 삶을 연결할 수 있기 때문이지요.

　혹시 "너는 맨날 휴대 전화만 보니?", "너는 휴대 전화 중독이야"라는 말을 들어 본 적이 있나요? 이런 말을 들었을 때 기분이 어땠나요? 물론 이 말을 누가, 언제, 어디서, 어떤 억양으로 했느냐에 따라 다르겠지요. 먼저 이 말을 한 사람이 무엇을 걱정하는지 생각해 볼까요?

　이런 말을 한 사람은 휴대 전화보다 더 중요한 것이 있다고

생각할 거예요. 어쩌면 휴대 전화를 하는 건 무가치하고 비생산적이라고 생각할지도 몰라요. 그래서 '휴대 전화 중독'이라고 말했을 수 있지요. 도박 중독, 알코올 중독, 마약 중독처럼 '중독'을 붙여서 휴대 전화를 부정적인 대상으로 취급했잖아요.

그런데 "너는 맨날 휴대 전화만 보니?", "휴대 전화 중독이야"라는 말은 참으로 이상한 표현입니다. 잘 생각해 보세요. 정말 휴대 전화를 보고만 있나요? 아닐 거예요. 사실 다음의 말로 풀어야 하지요.

• 휴대 전화로 전화를 하다   • 휴대 전화로 문자를 하다

- 휴대 전화로 독서를 하다
- 휴대 전화로 게임을 하다
- 휴대 전화로 사무를 보다
- 휴대 전화로 음악을 듣다
- 휴대 전화로 공부를 하다
- 휴대 전화로 고객 관리를 하다

새로운 정보를 알게 되면 세상을 보는 눈이 달라져요. 전자레인지를 그저 전자레인지로만 보는 사람과 전자레인지의 물리학적 파동을 생각하는 사람은 세상을 다르게 보지요. 마찬가지로 '휴대 전화를 하다'로 생각하는 사람과 '휴대 전화로 ○○을 하다'로 생각하는 사람, 더 나아가서 '○○을 위해 휴대 전화로 ○○하다'로 생각하는 사람은 다른 세상을 살아가는 거예요.

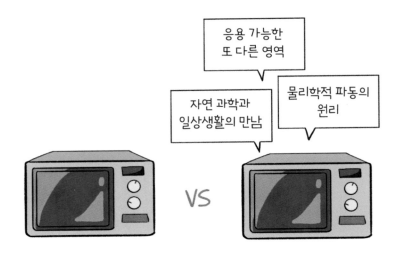

세상을 온전히 이해하려면 오감으로 알 수 있는 대상만 이해하면 안 돼요. 우리가 지각할 수 없는 것까지 이해해야 세상을 좀 더 넓게 볼 수 있어요. 사실을 설명하는 수많은 글은 이처럼 보이지 않는 세계까지 안내하는 경우가 많습니다.

학자들은 자신들이 발견한 다양한 정보들을 많은 사람에게 알리고 싶어 해요. 그 정보를 알리고자 글을 활용하지요. 또 여러분이 어떤 분야의 깊이 있는 정보를 얻거나 정확한 정보를 찾아야 할 때도 있어요. 그때 사실을 설명하는 글이 도움을 주지요. 이처럼 어렵다고 느끼는 글이 복잡한 세상을 이해할 수 있도록 도와줍니다.

놀라운 점은 누군가에겐 어렵게 느껴지는 글이 다른 누군가에겐 매우 흥미로운 글이라는 사실이에요. 설명하는 글을 읽으며 자신이 그 분야에 관심이 있다는 사실을 알게 될 수 있어요. 혹은 관심이 없었지만 관심을 갖게 될 수도 있지요. 이처럼 우리는 설명하는 글을 읽으면서 내가 사는 세상의 범위를 조금씩 넓히게 됩니다.

중요 가치를
해석하는 글

가   제한 없는 자유는 자멸한다. 무제한의 자유는 물리적으로 강한 사람이 약한 사람을 위협하여 자유를 강탈할 수 있다. 영국의 철학자 칼 포퍼는 제한 없는 자본주의의 불공정과 비인간성을 '자유의 역설'로 해석하면서 누구나 국가에 의해 보호받을 권리를 가진다고 주장했다. 국가가 법으로 국민의 자유를 어느 정도 제한함으로써 모든 사람의 자유가 보호된다고 본 것이다.

나   국가에 의한 시민의 보호는 경제 분야로까지 확장된다. 경제적 힘은 물리적 폭력만큼이나 위험한 것이다. 국가가 경제적 힘의 오용을 법으로 막아 시민을 보호하지 못한다면 시민의 자유를 보장할 수 없다. 국가는 경제적 약자를 경제적 강자로부터 보호할 수 있는 사회적 장치를 마련할 의무가 있다. 경제적 폭력에 대한 정치적 처방이 필요한 것이다. 포퍼는 "무제한적 자본주의는 국가의 경제적 간섭주의로 대치되어야 한다"고 믿는다.

다 포퍼는 국가 간섭주의가 갖는 위험성 역시 충분히 인식한다. 계획적 간섭주의로 국가에 더 큰 힘을 부여하고 우리가 감시를 소홀히 하여 민주적 제도들을 더욱 강화하지 않으면 우리의 자유는 상실되기 때문이다. 국가 간섭은 자유의 보호를 위해 꼭 필요한 것으로 한정되어야 한다.

자유, 정의, 인권, 평등, 공정은 교과서에서 많이 접했을 거예요. 교과서뿐만 아니라 뉴스나 영화 심지어 드라마에서도 아주 많이 나오지요. 당연히 자유나 정의, 인권, 평등을 다룬 글도 많습니다. 이 단어들이 직접적으로 등장하지 않더라도 이 내용을 다룬 글이 많을 수밖에 없어요. 인간이 더불어 살기 위해 필요한 가치들이거든요. 인간은 오랫동안 이런 가치를 지키고자 노력해 왔고, 앞으로도 인류가 더 성장하려면 지켜야 할 중요한 가치들입니다.

이런 종류의 글을 읽을 때는 올바른 가치관을 형성할 수 있도록 신경써야 해요. 인류에게 중요한 가치는 개인에게 중요한 가치이기도 하니까요. 그럼 어떻게 글을 읽어야 할까요? 앞의 예문을 보면서 방법을 고민해 봐요.

이 유형의 글을 읽는 방식은 앞서 소개한 방법과 크게 다르지 않아요. 핵심 정보를 찾고 단락들 간의 관계를 읽어야 하지요. 처음에는 훑어 읽으면서 무엇에 대해 말하는지 짚어 보세요. 그러려면 먼저 세 단락 중에서 가장 중요한 단락을 찾아야 하잖아요.

그런데 중요한 가치를 다룬 글 중에는 핵심 단락을 찾기 어려운 경우도 많아요. 중요한 정보를 모아서 제시하다 보니 어느 단락이 다른 단락보다 더 중요한지를 판별하기가 쉽지 않지요. 사회문화 교과서나 철학 교과서가 대표적인 예입니다. 훑어 읽어서 말하고자 하는 바를 못 찾겠다면 핵심어구라도 찾아보세요. 무엇에 대해 말하고 있는지 집중해 보면 아마 '자유', '국가'와 같은 단어가 보일 거예요. 이렇게 크게 단서를 확보하고 나서 그것을 염두에 두고 다시 예문을 보세요. 함께 생각하라고 한 방식을 계속 적용해 보는 거지요.

이제 가 단락을 보세요. 단락을 읽을 때도 어느 문장이 가장 중요한지를 파악하라고 했잖아요. 이 단락에서는 마지막 문장이 내용을 정리해 주고 있어요. 이 문장을 더 간단히 요약해 보세요. 중요한 가치를 해석하는 글은 특히 중요 부분을 어구 단위로 요약하면서 읽으면 좋아요. 이때 잘못 읽었을까 봐 걱정하느라 다음 단계로 못 넘어가면 안 됩니다. 제대로 읽으려고 다음 단계로 가는 거지요. 일단 요약해 보세요. 그리고 그 내용을 나 단락의 첫 문장과 비교해 보세요. 여기서 중요한 읽기 방식 두 가지를 배울 거예요.

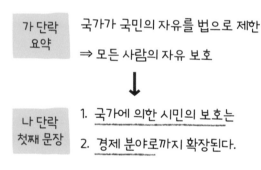

가 단락
요약

국가가 국민의 자유를 법으로 제한
⇒ 모든 사람의 자유 보호

나 단락
첫째 문장

1. 국가에 의한 시민의 보호는
2. 경제 분야로까지 확장된다.

나 단락의 1이 가 단락을 요약한 내용과 연결되지요? '국가가 국민의 자유를 법으로 제한해서 모든 사람의 자유를 보호한다'는 말을 '국가에 의한 시민의 보호'라고 요약했잖아요. 물론 이 안에는 핵심어인 '자유'가 들어 있지요. 그럼 1에서 배운 방식을 기억하기 쉽도록 이름 지어 보기로 해요.

글쓴이가 요약한 말 활용하기

글쓴이는 자신이 말하고자 하는 바를 거듭 강조하기 마련이에요. 중요하다고 생각하기 때문이지요. 이때 앞에서 한 이야기를 뒤에서 다시 정리하거나 간단히 요약하는 방식을 활용해요. 가 단락을 요약한 내용이 나 단락의 첫 문장에 나오는 것처럼 말이지요. 그래서 가 단락을 요약한 내용을 판단할 수 있어요.

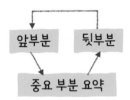

글 안의 요소들은 이렇게 서로 영향을 주고받으며 긴밀한 관계를 구축해요. 한 부분만을 꼼꼼히 읽는다고 글을 정확히 읽을 수는 없어요. 오히려 글의 앞뒤 그리고 글을 읽는 자신까지 함께 생각해야 글을 정확히 읽을 수 있습니다. 그러니 언제든 적어도 세 가지는 함께 생각하세요.

이제 2를 볼까요? 경제 분야라는 말이 나오네요. 중요한 내용이니 뒤의 문장까지 포함해 다시 옮겨 보지요.

| 가 단락
요약 | 국가가 국민의 자유를 법으로 제한
⇒ 모든 사람의 자유 보호 |

| 나 단락
첫째 문장 | 1. 국가에 의한 시민의 보호는
2. 경제 분야로까지 확장된다. |
| 둘째 문장 | 경제적 힘은 3. 물리적 폭력만큼이나 위험한 것이다. |

 일단 첫째 문장으로 나 단락의 내용을 예측할 수 있어요. 가 단락의 내용을 경제 분야에 적용하겠다는 말이잖아요. 따라서 가 단락의 요약 내용을 활용해 나 단락을 예측할 수 있어요. 해 볼까요?

| 나 단락
예측 | 경제 분야에서 국가가 국민의 자유를 법으로 제한
⇒ 모든 사람의 자유 보호 |

이렇게 예측한 다음에 나 단락을 읽으면 쉽게 이해할 수 있어요. 하지만 그 전에 '경제 분야'라는 말에 주목해야 해요. '가 단락은 경제 분야가 아니고 뭐였지?'라는 생각을 해야 하지요. 그 생각까지 했다면 다음 단계로 넘어가세요. 두 가지 방식으로 다음 단계로 나아갈 수 있어요. 첫 번째는 얼른 가 단락으로 시선을 옮겨서 답을 찾는 거예요. 두 번째는 이어지는 부분에서 이와 짝을 이루는 말을 찾는 방식이지요. 이 역시 앞서 보았던 세 부분을 함께 읽는 방식과 같아요.

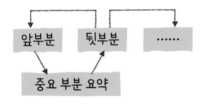

둘 중 어느 방법을 택하든 그 결과가 같아야 글을 제대로 읽은 것이겠지요. 여기서는 두 번째 방식을 활용해 볼까요? 바로 다음 문장에 '경제적 폭력'과 '물리적 폭력'이라는 말이 나와요. 이 말은 앞 단락에서 다룬 내용이 '물리적 폭력'과 관련되어 있다는 사실을 알려 준답니다. 그리고 가 단락 두 번째 문장에 '물리적으로 강한 사람'이라는 말도 나오지요. 그러면 가 단락과

나 단락을 간단히 요약할 수 있어요.

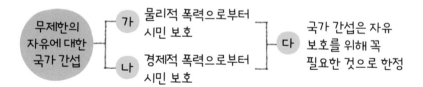

요약한 내용을 보고 당황한 사람도 있을 거예요. '무제한의 자유에 대한 국가 간섭'이라는 말이 갑자기 등장해서 말이지요. 그런데 당황하지 말아요. 나 단락의 마지막 문장에서 나온 내용을 활용한 거예요. 이렇게 정리해 두면 다 단락을 읽기가 쉽습니다. 다 단락에서도 맨 마지막에 중요한 내용이 나와요. 핵심 정보를 찾는 방식이 제일 중요했잖아요. 관계를 읽으면서도 이 점은 놓치면 안 됩니다. 핵심 부분 찾기의 중요성, 함께 읽기의 중요성을 늘 잊지 마세요.

중요 가치를 해석하는
글의 유용성

가　사상과 표현의 자유는 사이버 세계에 존재하는 집의 대들
　　보다. 정보화와 관련해 사상과 표현의 자유가 제일 먼저
　　이슈로 떠오르는 이유는 컴퓨터 네트워크가 새로운 미디
　　어이자 새롭게 주어진 네티즌의 영토이기 때문이다. 민주
　　주의의 기초는 사상과 표현의 자유다. 그런데 사상과 표
　　현의 자유는 집단 차원에서도 보장받아야 한다. 집단 차
　　원에서 사상과 표현의 자유를 적극적으로 표출하려면 집
　　회와 결사의 자유가 필요하다. 자신의 사상과 표현을 남
　　에게 알리기 위해 집회를 갖고 결사를 만드는 것은 민주주
　　의의 시발이다.

나　인터넷을 통해 만들어지는 새로운 공공 영역은 다른 어떤

요소보다 사상과 표현의 자유에 입각해 있다. 수많은 네티즌이 인터넷의 기본 철학과 이념으로 '제퍼슨의 자유주의Jeffersonian Liberalism'를 내세우는 이유는 제퍼슨이 민주주의의 다른 어떤 가치보다도 '사상과 표현의 자유'를 우선시했기 때문이다. 사상과 표현의 자유는 네티즌끼리 서로 연대하고 행동하는 자유로 이어진다. 연대하고 행동할 수 없는 사상과 표현의 자유는 의미가 없다. 사상과 표현의 자유는 '집회와 결사'의 자유로 이어질 때 온전한 의미를 갖게 되는 것이다.

백욱인,《네트워크 사회문화》, 커뮤니케이션북스, 2013

무엇에 대한 글인가요? 중요 가치를 말하는 글도 핵심 정보를 찾고 단락들 간의 관계를 읽어야 한다고 했어요. 훑어 읽으면서 무엇에 대해 말하는지를 짚어 보세요.

첫 단락부터 볼까요? '사상과 표현의 자유'에 대해서 말한다고 생각했을 수 있어요. 그런데 그렇게 말하면 범위가 너무 넓습니다. 이 글은 사이버 세계, 즉 '인터넷상에서의 사상과 표현의 자유'에 관해 말하고 있어요. 가치를 해석하는 글을 읽을 때는 이렇게 정확히 무엇에 대해 말하는가를 확인하는 것이 중요하답니다. 자신이 찾은 중요 내용의 범위가 넓은지 좁은지 어떻게 아느냐고요? 좋은 글은 언제나 자신이 말하고자 하는 바를 정확히 다시 말해 준답니다. '사이버 세계에서의 사상과 표현의 자유'라는 말에 주목하면서 나 단락의 첫 문장을 보세요.

인터넷을 통해 만들어지는 새로운 공공 영역은 다른 어떤 요소보다 사상과 표현의 자유에 입각해 있다.

가 단락의 핵심어구라 생각한 내용이 그대로 나왔지요? 이 글은 인터넷 세상에서의 사상과 표현의 자유에 대해 말하고 있네요. 여기서 여러분이 주목해야 하는 부분은 '새로운 공공 영역'이라는 말이 갖는 의미입니다.

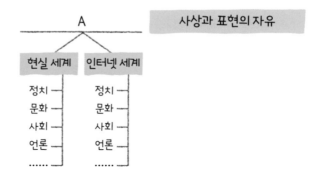

162쪽의 그림을 보세요. 인터넷이 생기기 전에 사상과 표현의 자유는 현실 세계의 것이었지요. 인터넷이 생기고 사이버 세상에서의 활동이 많아지면서 인터넷 세계로까지 사상과 표현의 자유를 적용하게 됐습니다. 사상과 표현의 자유라는 가치가 인터넷 세계로까지 확대됐다는 뜻입니다. 인간은 이런 방식으로 중요 가치를 확대해 왔답니다. 인류에게 중요하다고 생각하는 가치를 다른 부분에까지 확장해 왔지요. 확인해 볼까요? '자유'라는 말 앞에 꾸미는 말들을 생각해 보세요.

- 사상과 표현의 자유
- ·---------------- 자유
- ·---------------- 자유
- ·---------------- 자유
- ·---------------- 자유

여러분이 사회 시간이나 철학 시간에 배웠던 내용들이 빈칸에 들어갈 수 있어요. 양심의 자유, 학문·예술의 자유, 투표·선거의 자유, 선택의 자유……. 인류는 중요한 가치라고 생각해 온 자유를 다양한 영역에 적용하면서 그 영역을 확대해 왔어요.

여러분이 자유에 대한 글을 읽는다는 것은 그 자유가 어디에 적용되고 무엇과 관련되는지를 읽는다는 뜻입니다.

왜 자유를 적용할 수 있는 영역을 생각해 보라고 했을까요? 함께 생각하면 그 목적을 알 수 있다고 했어요. 지금 '중요 가치를 해석하는 글의 유용성'을 읽고 있지요. 여러분이 중요 가치를 해석해 놓은 글을 읽고 어떤 영역에 적용할 수 있는지 생각하면 더 큰 세상을 만날 수 있답니다.

사람의 사고에 중요하게 작용하는 말이 있어요. 다음 그림을 보면서 '일반성'과 '개별성'이라는 말을 생각해 보세요. 개별성

은 하나하나가 가지는 성질이고, 일반성은 다수가 두루두루 가지는 성질을 의미합니다. 즉, 그림 속 사람들이 각자 가지고 있는 특징이 개별성이고, 공통적으로 가지고 있는 성질이 일반성입니다. 이와 함께 짝을 이루어 쓰이는 말이 구체성과 추상성이에요. 구체성은 보자마자 무엇인지 알 수 있는 형태나 성질을 가진 대상을 말하고, 반대로 추상성은 대개 보이지 않는 공통 속성이나 관념을 말한답니다.

 이 네 가지 성질을 활용해서 중요 가치를 해석하는 글이 왜 유용한지 보기로 해요. 앞서 자유, 평등, 인권, 정의, 공정과 같은 가치를 모든 인류가 중요하게 생각한다고 했잖아요. 이것을 네 가지 성질로 표현해 보세요. 자유, 평등, 인권, 정의, 공정은 추상적이고 일반적 가치라고 말할 수 있겠지요? 앞서 보았던 '인터넷 세계에서의 사상과 표현의 자유' 역시 현재 인류가 중요하게 생각하는 추상적이고 일반적인 가치예요.

 추상적, 일반적 가치를 보여 준다는 점이 중요 가치를 해석한 글이 갖는 첫 번째 유용성입니다. 여러분도 인류의 한 사람이잖아요. 인류에게 중요한 가치는 인류의 한 사람인 나에게도 중요한 가치이고요. 따라서 중요 가치를 해석한 글은 인류의 구성원으로 나에게 중요한 가치를 배우려고 읽어요. 자신이 읽

첫 번째 유용성

두 번째 유용성

는 글에서 다루는 가치를 앞서 빈칸을 채웠던 방식으로 다양하게 확대하는 과정도 중요합니다. 그것이 인류의 구성원으로서 중요한 가치를 더 넓고 깊게 만날 수 있는 방법이니까요.

두 번째 유용성은 개인적 가치를 발견할 수 있다는 점이에요. 앞서 본 '자유'가 일반적으로 중요한 가치이지만 모두에게 늘 똑같은 무게로 다가오지는 않지요. 자유가 법으로 보장된 현재를 사는 우리와 일제 강점기에 살았던 사람이 생각하는 자유의 무게는 다를 수밖에 없어요. 이처럼 여러분이 어디에 있는지, 무엇을 더 중요하게 생각하는지에 따라 무게가 다릅니다. 중요 가치를 해석하는 글을 읽을 때는 언제나 '일반적, 추상적 가치'와 짝을 이루는 '개인적, 구체적 가치'의 빈칸을 남겨 두세요. 그래야 자신이 지금 읽고 있는 중요 가치가 자신에게 어떤 의미인지를 생각할 수 있답니다.

앞의 글을 읽을 때도 마찬가지예요. 글을 읽으면서 중요 가치를 정리하고 지금 읽는 내용과 짝을 이루는 내용을 만들어 채워 가는 과정이 일반적 가치를 배우는 시간이라 생각하세요. 반드시 빈칸을 하나 만들어서 내가 바라는 자유가 무엇인지를 생각하며 읽어야 합니다.

그리고 이런 활동은 다른 경험으로도 확장할 수 있어요. 글을 읽을 때뿐만 아니라 영화를 보면서, 예술을 즐기면서도 똑같이 생각해 보세요. 인류에게 중요한 가치가 무엇이고 그 중요한 가치들이 나에게 어떻게 해석되는지를 생각해 보는 거예요. 그래야 나의 가치가 자란답니다. 그리고 그렇게 자란 가치가 여러분이 앞으로 살아가는 데 큰 기둥이 될 수 있습니다.

일러스트레이터 고굼씨

전주에서 지내며 글을 쓰고 그림과 만화를 그립니다. 사람들의 마음을 위로할 수 있는 포근하고 따뜻한 그림을 주로 그립니다. 여전히 주말이면 마라탕을 즐깁니다.

무엇을 어떻게 읽을까?

초판 인쇄 2023년 12월 20일
초판 발행 2023년 12월 28일

지은이 김남미
펴낸이 정은영
편 집 정지연, 박지혜
일러스트 고굼씨
디자인 김민정

펴낸곳 마리북스
출판등록 제2019-000292호
주 소 (04037) 서울시 마포구 양화로 59 화승리버스텔 503호
전 화 02)336-0729, 0730
팩 스 070)7610-2870
홈페이지 www.maribooks.com
이메일 mari@maribooks.com
인 쇄 (주)신우인쇄

ISBN 979-11-93270-12-7 (44000)
       979-11-89943-67-7 (set)